JN418564

팔란티어에 탑승하라

팔란티어에 탑승하라

초판 1쇄 발행 | 2026년 2월 27일

지은이 | 김지수
펴낸이 | 박영욱
펴낸곳 | 북오션

주 소 | 서울시 마포구 월드컵로 14길 62 북오션빌딩
이메일 | bookocean@naver.com
네이버블로그 | blog.naver.com/bookocean_rabbit
페이스북 | facebook.com/bookocean.book
인스타그램1 | instagram.com/bookocean777
인스타그램2 | instagram.com/supr_lady_2008
X | x.com/b00k_0cean
틱톡 | www.tiktok.com/@book_ocean17
유튜브 | 쏠쏠TV · 쏠쏠라이프TV
전 화 | 편집문의: 02-325-9172 영업문의: 02-322-6709
팩 스 | 02-3143-3964

출판신고번호 | 제 2007-000197호

ISBN 978-89-6799-933-9(03320)

팔란티어에 탑승하라

투자자의 언어로 쓴 미래기업

김지수 지음

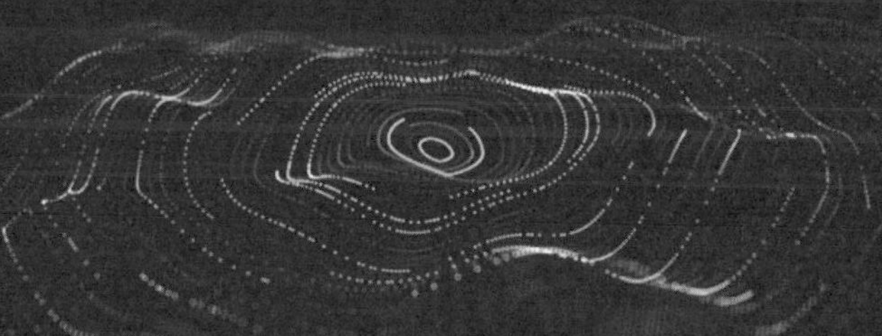

북오션

-Prologue-

"이해하지 못한 기업에 투자하지 말라."

전설적인 투자자 피터 린치의 이 말이, 이 책의 출발점이었습니다. 저는 투자가 완벽한 이해에서 출발해야 한다고 믿습니다. 실제로 대부분의 기업은 핵심 사업과 기술, 비즈니스 모델, 재무제표만으로도 윤곽이 드러납니다. 하지만 팔란티어는 기존의 틀로는 규정되지 않는 회사였습니다. 데이터·방산·정부 협업이라는 단편적 카테고리로는 그 본질을 담아낼 수 없었고, 복잡한 기술과 플랫폼은 투자자에게 더 깊은 이해를 요구했습니다. 투자 여부를 확신하기 위해서는 이 회사를 정밀하게 분석하는 과정이 반드시 선행되어야 했습니다. 이 책은 그 과정을 체계적으로 담은 기록이자, 기업의 본질에 대한 정확한 이해가 확신 있는 투자 판단으로 이어지길 바라는 마음에서 만든 책입니다.

AI 메가트렌드의 중심에서 전 세계의 주목을 받으며 투자자들이 앞다투어 담아가는 지금 가장 '핫한' 기업, 팔란티어. 테슬라, 엔비디아와 함께 '테·팔·엔'이라 불리며, 서학개미들이 가장 신뢰하는 성장주 3대장 중 하나로 꼽힙니다. 그러나 아이러니하게도 팔란티어의 투자자들도 "정확히 어떤 일을 하는 회사냐"라는 질문 앞에서는 대답을 머뭇거리는 경우가 많습니다. 데이터, AI, 방산, 정부 계약, 온톨로지…. 키워드는 많지만 범주는 제각각이고 개념은 추상적이며 기술은 복잡합니다. 그래서 단번에 이해하기 어려운 기업이고, 결국 많은 분들이 표면적 키워드만 붙잡은 채 본질을 놓칩니다.

팔란티어는 흔히 '데이터 기업'으로 불리지만, 실제로는 데이터를 최적의 의사결정으로 이끌어 조직의 핵심 과제를 해결하는 소프트웨어 플랫폼 기업입니다. 궁극적으로는 기업들의 운영체제OS로 자리 잡겠다는 비전도 가지고 있습니다. 그러나 이 본질은 한눈에 드러나지 않기에, 많은 투자자들이 제대로 이해하지 못한 채 투자하거나 반대로 알지 못해 기회를 놓칩니다. 하지만 정체성을 이해하는 순간, 팔란티어라는 기업의 복잡한 퍼즐이 비로소 하나의 그림으로 완성됩니다.

이 책을 위해 귀중한 시간을 내어주실 분들께 성의를 다하기 위해, 귀빈에게 대접하는 음식을 정성껏 차려내듯, 단어 하나하나를 세심히 선택하고 양질의 내용으로 채워, 얻어갈 것이 많은 책으로 만들고자 했습니다. 양으로만 채운 식탁이 아니라, 섬세하게 담아낸 파인다이닝 요리처럼 팔란티어의 본질을 한 줄 한 줄에 정성껏 녹여냈으며, 단 한 문장도 독자의 시간을 헛되게 하지 않도록 쓰고자 애썼습니다.

지식은 온전히 이해한 사람만이 설명할 수 있기에 먼저 깊이 있게 공부했고, 그 지식을 가장 직관적인 언어로 풀어냈습니다. 쉽게 쓰되 전문성은 잃지 않도록 팔란티어가 실제 사용하는 기술 용어와 개념, 그리고 회사의 공식 표현까지 충실히 반영했으며, 메타포와 설명 방식 또한 어떻게 해야 머릿속에 오래 남을지를 고민하며 집필했습니다. 팔란티어라는 회사에 대한 심층적 지식뿐만 아니라, 기술 용어, 메가트렌드인 AI, 경제 지식까지도 얻어갈 수 있어 높은 지적 만족감을 주는 책으로 기획했습니다.

이 책은 단순히 정보를 나열한 것이 아닙니다. 독자가 팔란티어의 본질을 온전히 이해하고, 기업을 스스로 평가할 수 있도록 하는 것을 목표로 했습니다.

책의 마지막 페이지를 덮을 즈음이면, 팔란티어가 어떤 회사인지, 그리고 '온톨로지'가 무엇을 가능하게 하는지 누구든 자신의 언어로 명확하게 설명할 수 있게 되기를 바랍니다. 그리고 그 이해를 바탕으로 보다 객관적이고 확신 있는 투자 판단을 내릴 수 있기를 바랍니다.

이 책이 단순히 도움이 되는 책을 넘어서, 투자에 대한 혜안을 길러 주는 지적 무기가 되기를 바랍니다.

김지수 ♦ 드림

Contents

Prologue 4

Intro 팔란티어, 지금 전 세계가 주목하는 기업 12

Chapter 01
테러가 드러낸 연결의 실패 16

1 9·11 테러, 연결되지 못한 정보가 만든 비극 19
2 사기 탐지 시스템: 기술의 실마리 22
3 팔란티어가 철학자를 CEO로 세운 이유 25
4 인큐텔은 어떤 조직인가 28
5 기술보다 철학이 먼저였다 32
6 팔란티어의 궁극적인 비즈니스 목표 35

Chapter 02
'빅브라더'라는 프레임

'빅브라더'라는 프레임 38

1 팔란티어는 왜 '빅브라더'로 불렸을까? 41
2 프라이버시와 감시의 경계 49
3 철학과 현실 사이의 간극 52

Chapter 03
팔란티어의 기술 구조

팔란티어의 기술 구조 56

1 고담: 정부와 정보기관을 위한 전략 분석 플랫폼 59
2 파운드리: 민간 기업을 위한 전략 데이터 플랫폼 63
3 아폴로: SaaS 전환을 설계한 결정적 인프라 83
4 AIP: 실행까지 이어지는 AI 운영 플랫폼 93
5 FDE: 현장을 설계하는 전략 엔지니어 111
6 스노우플레이크·데이터브릭스 vs 팔란티어 114

Chapter 04
팔란티어 실제 활용 사례 126

1 러시아-우크라이나 전쟁: 디지털 무기로 참전하다 129
2 FBI와 CIA, 같은 데이터를 실시간으로 보다 133
3 영국 NHS의 코로나 팬데믹 대응 139
4 산업 현장으로 확장된 의사결정 시스템 145

Chapter 05
팔란티어의 독보적 해자 154

1 복제가 불가능한 이유 157
2 팔란티어의 해자: 복제가 불가능한 다섯 가지 구조 159
3 온톨로지가 어떻게 기업 간의 격차를 만들어내는가 170

Chapter 06
팔란티어의 투자 리스크 174

1 고밸류에이션-성장 프리미엄인가 거품인가 177
2 정부 의존도: 해자이자 리스크 199
3 프라이버시 및 규제 리스크 201
4 확장성 제약 및 경쟁 심화 205

CHAPTER 07
팔란티어의 미래가치 214

1 관세 피난처 기업: 지정학적 레버리지의 승자 217
2 AI 시대의 경쟁력 220
3 팔란티어, 무게중심을 옮기다: 정부에서 민간 시장으로 222
4 견고한 재무 구조, 전략을 밀어붙이는 힘 224
5 팔란티어의 TAM: 데이터가 있는 모든 곳이 시장이다 226

Epilogue 230
이 책을 읽고도 여전히 궁금한 다섯 가지 234
Appendix: 팔란티어의 전략적 파트너, 안두릴 243
References: 참고문헌 261

Intro

팔란티어, 지금 전 세계가 주목하는 기업

최근 몇 년간 팔란티어는 기술 업계는 물론, 주식 시장에서도 가장 주목받는 기업 중 하나로 떠올랐습니다. 특히 2024년부터 2025년까지, 팔란티어는 비약적인 성장을 이루며 시장의 중심으로 다시 부상했습니다. 불과 1년 사이 주가는 542% 급등했고, 2024년 말 S&P 500 편입과 함께 시가총액 Top 20에 오르며 대형 기술주 반열에 합류했습니다. 단순한 테마주를 넘어, 강력한 실적과 기술력을 바탕으로 시장을 선도하는 기업으로 자리매김한 것입니다.

AI 산업이 메가트렌드로 부상한 지금, 팔란티어는 흩어진 데이터를 정밀하게 통합하여 실행 가능한 인사이트로 전환하는 능력을 바탕으로, AI 시대의 핵심 기업으로 주목받고 있습니다. 여기에 9분기 연속 어닝 서프라이즈를 기록한 탄탄한 실적까지 더해지며, 기술 기업으로서의 신뢰도 또한 크게 높아졌습니다.

특히 최근에는 국제 무대에서의 존재감을 확실히 각인시키며 입지를 넓혀가고 있습니다. 2025년 5월, 사우디아라비아 리야드에서 열린 '사우디-미국 투자 포럼'에는 도널드 트럼프 대통령이 참석했고, 그와 함께한 인물들은 일론 머스크 테슬라, 샘 알트먼 OpenAI, 젠슨 황 NVIDIA, 앤디 제시 아마존, 래리 핑크 블랙록 등 모두 현 시대를 대표하는 미국 선도 기업의 최고 경영자들이었습니다. 이 자리에 팔란티어의 CEO 알렉스 카프도 주요 연설자로 공식 초청되며 함께한 사실은 팔란티어가 단순한 특수 기술 기업을 넘어 전략 산업을 대표하는 글로벌 테크 기업으로 인식되고 있음을 상징적으로 보여줍니다. 트럼프 대통령이 동행한 인물들만 봐도 팔란티어가 지금 어떤 기업들과 어깨를 나란히 하는지, 그리고 어떤 위상에 올라섰는지 분명히 알 수 있습니다. 이러한 흐름 속에서 팔란티어는 기술 업계는 물론, 정치·외교 무대에서도 독보적인 존재로 자리 잡아가고 있습니다.

이처럼 시장 주도권을 쥔 기업임에도 불구하고, 팔란티어에 대해서는 여전히 가장 기본적인 질문이 반복됩니다.

"도대체 무슨 일을 하는 회사인가요?"

이것은 단순히 생소해서가 아니라, 팔란티어가 기존의 테크 기업 분류로는 설명되지 않는 정체성을 갖고 있기 때문입니다. 팔란티어는 흔히 "무슨 일을 하는 회사인지 모르겠다"는 말을 가장 많이 듣는 기업 중 하나입니다. 실제로 네이버 종목 토론방이나 유튜브 댓글에는 "정확히 어떤 사업을 하는지 모르겠지만 떡상

하니 들어갔다"는 반응도 자주 볼 수 있고, 해외 포럼인 레딧Reddit이나 시킹알파Seeking Alpha 등에서도 "Explain Palantir like I'm 5(내가 다섯 살이라고 생각하고 팔란티어를 설명해줘)"라는 글이 여럿 올라올 만큼, 팔란티어는 여전히 많은 사람들에게 이해하기 쉽지 않은 기업으로 남아 있습니다.

그 이유는 팔란티어가
통상적인 기술 기업과는 다른
비즈니스 모델을
지니고 있기 때문입니다.

마이크로소프트, 구글, 아마존처럼 제품이나 서비스가 명확히 드러나는 기업들과 달리, 팔란티어는 정보기관·정부기관·국방부 등과 계약을 맺고 작전 수행, 정보 분석, 의사결정 자동화를 지원하는 B2GBusiness to Government 구조에서 출발했습니다.

이처럼 물리적으로 보이지 않는 추상적 소프트웨어 플랫폼이자, 기능적으로도 외부에 잘 드러나지 않는 의사결정 시스템을 구축하는 기업이기에 직관적으로 이해하기 힘든 면모를 지닙니다. 게다가 CIA·FBI·국방부와의 계약을 통해 테러 방지와 안보 목적의 데이터 분석을 수행하면서, 방대한 개인·기관 데이터를 다룬다는 이유로 종종 '군사용 빅브라더' '감시 기술 기업'으로 오해를 받기도 합니다. 하지만 이러한 평가는 팔란티어의 철학과 기술 구조를 충분히 들여다보지 않았을 때 생기는 표면적 인식일 뿐입니다.

팔란티어는 고담, 파운드리, 아폴로, AIP 등 다양한 플랫폼을 운영하지만, 이들의 작동 방식은 우리가 흔히 접하는 소프트웨어와는 전혀 다릅니다. 특히 '온톨로지' 같은 개념은 추상적이고 생소해, 기술에 익숙한 사람조차 이해하기 쉽지 않습니다.

팔란티어는 단순한 AI 기업이나 데이터 분석 기업, 또는 전형적인 SaaS 기업으로 분류할 수 없습니다. 팔란티어는 데이터를 기반으로 조직의 운영과 의사결정을 설계하는 플랫폼을 만드는 회사이며, 전통적인 기술 기업의 분류로는 쉽게 정의되지 않는 독자적 정체성을 지니고 있습니다.

이처럼 고도화된 기술력과 독보적인 경쟁 우위를 확보한 기업임에도, 복잡한 구조와 높은 전문성 때문에 기술이 담고 있는 설계 의도와 팔란티어만의 정교한 기술적 완성도를 완전히 이해하기는 쉽지 않습니다. 그래서 팔란티어는 지금도 많은 투자자들에게 명확히 해석되지 않은 과제로 남아 있습니다. 이로 인해 핵심 기술에 대한 이해 없이 투자하거나, 반대로 이해의 장벽 앞에서 기회를 놓치는 경우도 적지 않습니다.

팔란티어는 기존의 익숙한 카테고리로는
쉽게 설명되지 않는 기업입니다.

그만큼 독보적인 해자를 가진 회사이기에, 이 기업을 제대로 이해하는 순간 단순한 종목 분석을 넘어 기술과 산업을 바라보는 관점 자체가 달라지게 됩니다.

1 9·11 테러, 연결되지 못한 정보가 만든 비극

2 사기 탐지 시스템: 기술의 실마리

3 팔란티어가 철학자를 CEO로 세운 이유

4 인큐텔은 어떤 조직인가

5 기술보다 철학이 먼저였다

6 팔란티어의 궁극적인 비즈니스 목표

chapter 1

테러가 드러낸 연결의 실패

팔란티어를 이해할 때,
흔히 기술이 먼저 언급됩니다.

그러나 이 회사의 출발점은 기술 그 자체가 아니라,
정보가 존재함에도 서로 연결되지 못하고 있다는 문제의식이었습니다.
9·11 테러는 그 단절이 현실에서 얼마나 치명적인 결과로
이어질 수 있는지를 보여준 사건이었습니다.
정보는 이미 각 기관에 흩어져 존재했지만, 하나의 맥락으로 결합되지 못했고,
그 공백은 돌이킬 수 없는 결과로 남았습니다.
이 장은 팔란티어가 무엇을 문제로 바라보았는지,
왜 기술보다 철학을 앞세웠는지,
그리고 그 선택이 이후 비즈니스 전반에
어떤 방향성을 부여했는지를 다룹니다.

기술보다 철학이 먼저였다는 이 출발점은
팔란티어가 무엇을 만들었는지보다,
어떤 방식으로 문제에 접근해왔는지를
읽어내는 중요한 단서가 됩니다.

1
9·11 테러, 연결되지 못한 정보가 만든 비극

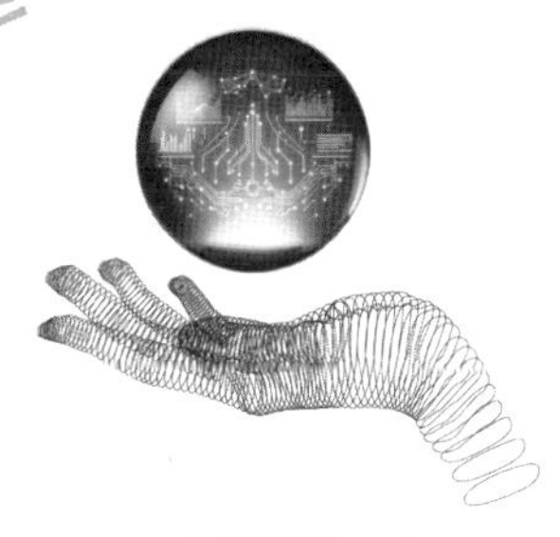

2001년 9월 11일, 미국 역사상 가장 충격적인 테러가 발생했습니다. 민간 항공기가 뉴욕 세계무역센터를 향해 돌진했고, 순식간에 수천 명의 목숨이 희생되며 세계는 충격에 빠졌습니다. 하지만 더 큰 충격은 그 후에 밝혀졌습니다. 사건 직후 미국 정부는 9·11 조사위원회The 9/11 Commission를 구성해 사건의 본질을 분석했고, 다음과 같은 결론을 내렸습니다.

"9·11 테러를 사전에 차단할 수 있는 기회는 여러 차례 존재했다.

그러나 감시 대상 등록의 실패, 정보 공유의 실패, 그리고 무엇보다도 흩어진 단서들을 하나로 연결하지 못한 의사결정 실패가 있었다."

– 9·11 조사위원회 보고서

문제는 정보의 부족이 아니었습니다. FBI, CIA, NSA 등 각 기관은 테러와 관련된 핵심 정보를 보유하고 있었지만 그 정보들은 서로 연결되지 않았고, 이를 통합하여 현장에서 실행 가능한 의사결정으로 전환할 수 있는 시스템 자체가 존재하지 않았습니다. 데이터는 넘쳐났지만 흩어진 조각으로 남았으며, 그 연결의 공백은 결국 재앙이 되어 돌아왔습니다.

이 사건은 미국 정보기관이 단편적인 정보 수집에만 머물러 있었고, 이후 종합적 분석과 전략적 의사결정으로 이어지는 체계를 갖추지 못했다는 사실을 명확히 보여주었습니다. 이 연결의 부재가 기술 기업 팔란티어의 출발점이 됩니다.

팔란티어의 창업자들은 9·11 테러 이후 드러난 국가 안보 시스템의 한계를 기술이 반드시 해결해야 할 사회적 과제로 받아들였습니다. 창업자 피터 틸Peter Thiel과 알렉스 카프Alex Karp는 데이터가 충분했음에도 위협을 감지하지 못한 근본 원인이 의사결정 체계의 한계에 있다는 문제의식을 여러 차례 공유해왔습니다. 단순한 정보 수집이 아닌, 정보를 통합하고 해석하며 결정으로 전환하는 시스템 설계야말로 기술이 해결해야 할 본질이라는 철학으로 이어졌습니다.

팔란티어는 이 문제의식을 출발점 삼아, 기술로 의사결정 구조를 바꾸겠다는 목표로 시작한 회사입니다. 그리고 9·11을 단순한 시대적 배경이 아닌, 설립의 직접적인 동기라고 규정합니다. 팔란티어는 기술보다 먼저 해결해야 할 과제를 인식하는 데서 출발했습니다.

팔란티어는 정보가 없어서가 아니라,
연결하지 못해서 실패한 세상을 바꾸기 위해 태어났다.

2
사기 탐지 시스템: 기술의 실마리

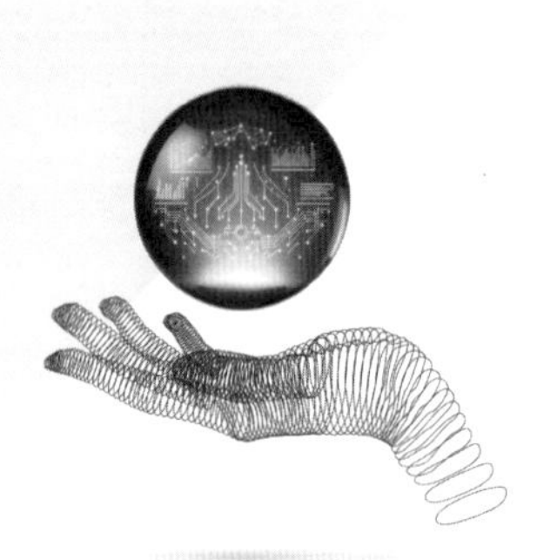

팔란티어는 '기술이 무엇을 해결해야 하는가'라는 질문에서 출발한 회사입니다. 그리고 그 해답은, 피터 틸과 그의 팀이 직접 설계하고 검증한 사기 탐지 알고리즘에서 얻은 실전 경험을 바탕으로 구체화되었습니다. 팔란티어는 철학에서 시작되었지만, 그 기술적 실마리는 이미 창업자들이 경험한 실전 속에 존재했습니다.

1990년대 말, 피터 틸이 공동 창업한 페이팔은 빠르게 성장하고 있었지만 온라인 금융사기가 사업에 심각한 리스크로 작용하고 있었습니다. 당시 대부분의 보안 시스템은 규칙 기반Rule-based 방식이었습니다. 예를 들어, 일정 금액 이상 송금 시 차단하거나 동일 IP에서 반복 로그인 시 경고를 보내는 방식처럼 고정된 규칙을 사전에 설정해 위협을 방지하는 구조였습니다. 하지만 피터 틸은 이 방식의 근본적인 한계를 누구보다 먼저 감지했습니다.

그는 사기범이 언제나 규칙을 학습하고 그 빈틈을 교묘히 파고든다는 점을 간파했고, 정적인 규칙이 아닌 행동의 흐름 속에서 위험 신호를 감지하는 새로운 시스템이 필요하다고 판단했습니다. 그는 그 통찰을 바탕으로, 위험을 사전에 감지할 수 있는 시스템을 직접 설계했습니다.

◆ 규칙 기반 vs 패턴 기반 시스템

구분	규칙 기반 시스템	패턴 기반 시스템
작동 방식	정해진 규칙 위반 시 차단	데이터 흐름 속 이상 징후 감지
핵심 기준	고정값 / 임계값 기반	행동 맥락과 상관관계 기반
대표 예시	"1,000달러 이상 송금 시 경고"	"과거 거래와 다른 시간 · 장소 · 금액 조합 감지"
취약점	규칙을 알면 회피 가능	예측 불가능한 이상 패턴 대응 가능

그가 설계한 시스템은 단순히 사기를 방지한 것이 아니었습니다. 수많은 거래 데이터를 실시간으로 분석해 리스크 점수를 산출하고, 사전

에 설정된 기준을 초과하면 사람의 개입 없이 거래를 자동으로 승인하거나 차단하는 방식으로, 의사결정 과정에 실질적인 역할을 하는 기술이 현장에서 검증된 사례였습니다.

그리고 이 경험은 이후 팔란티어가 설계할, 데이터를 의사결정으로 전환하는 기술의 초석이 됩니다. 이 경험을 통해 피터 틸은 단순한 보안이 아닌, 정보를 연결해 통찰을 만들어내는 기술에 대한 확신을 가지게 됩니다. 동시에 그 기술이 향해야 할 방향과 다뤄야 할 윤리적 기준을 함께 고민할 수 있는 리더가 필요하다고 생각했습니다. 팔란티어는 단순한 기술 스타트업이 아니라 민감한 사회 문제에 개입하고 기술을 그 해결의 수단으로 삼고자 하는 철학을 바탕으로 만들어졌기 때문입니다.

3 팔란티어가 철학자를 CEO로 세운 이유

알렉스 카프는 철학 박사 출신으로 기술이 자유와 인권에 미칠 수 있는 영향을 깊이 고민해온 인물이었습니다. 그는 기술의 효용에 앞서, 그것이 다루는 문제의 정당성과 우선순위를 먼저 묻는 사람이었고 팔란티어가 마주할 윤리적 딜레마를 설계 단계에서부터 고려할 수 있는 리더였습니다.

피터 틸과 알렉스 카프는 스탠퍼드 로스쿨 시절 룸메이트였으며, 이후에도 지적 교류를 이어왔습니다. 피터 틸은 기술과 시장의 자율성을 중시했고, 알렉스 카프는 국가의 역할과 사회적 책임을 강조했습니다.

두 사람의 시각은 극명하게 달랐지만, 그 간극은 팔란티어가 균형을 모색하는 기반이 되었습니다.

팔란티어는 늘 민감한 데이터를 다루는 기업이었고, 국가 안보와 시민 자유의 경계에서 기술의 윤리적 용도를 스스로 규정해야 했습니다. 그 기준에 가장 부합하는 인물이 알렉스 카프였고, 그는 창립과 함께 CEO를 맡아왔습니다. 하버퍼드 칼리지에서 철학을 전공하고, 스탠퍼드 로스쿨J.D.을 거쳐 프랑크푸르트 괴테대학교에서 사회이론으로 철학 박사 학위Ph.D.를 취득한 알렉스 카프는, 개발자도 엔지니어도 아니었지만 기술이 다뤄야 할 본질적인 문제를 누구보다 깊이 이해하고 있는 인물이었습니다.

여러 보도에 따르면 알렉스 카프는 직원이나 엔지니어에게 "이 기술은 무엇을 위해 존재하는가" "우리는 어떤 사회를 만들고자 하는가"와 같은 질문을 던지며, 기술의 방향성과 사회적 의미를 함께 고민하게 했다고 합니다. 그의 철학적 리더십은 팔란티어의 기술 설계와 문제 해결 방식 전반에 깊이 스며들어, 회사의 정체성을 규정하는 뿌리가 되었습니다.

소프트웨어가 곧 경쟁력인 실리콘밸리에서, 코드를 직접 다루지 않는 CEO는 드뭅니다. 그러나 알렉스 카프는 코드를 짜는 대신, 기술이 나아가야 할 방향을 제시했습니다. 그래서 그는 기술보다 사유로 회사를 이끄는, 실리콘밸리에서도 보기 드문 리더로 평가받습니다.

기술의 실제 개발은 공동 창립자이자 수석 엔지니어인 스티븐 코헨Stephen Cohen이 주도했으며, 그는 시스템 구조, 보안 프로토콜, 데이터 처리 아키텍처 전반을 총괄하며 팔란티어 기술의 핵심 기반을 설계했습니다. 알렉스 카프가 팔란티어의 철학과 방향을 정립했다면, 스티븐 코헨은 그 철학을 실제 기술로 구현한 인물이었습니다.

또한, 알렉스 카프는 실리콘밸리식 경영 관행과 거리를 둔 CEO로도 알려져 있습니다. 팔란티어의 본사 역시 실리콘밸리를 떠나 콜로라도주 덴버로 이전했는데, 그는 여러 인터뷰에서 "캘리포니아의 가치보다 현실의 문제 해결에 집중하고 싶었다"는 취지를 밝혀왔습니다. 그는 기술 그 자체보다, 기술이 현실의 문제를 해결하는 데 방점을 찍습니다.

"팔란티어의 기술은 코드를 짠 손보다, 기술이 향해야 할 방향을 정립할 사람이 필요했다. 그래서 카프였다."

'팔란티어Palantir'는 J.R.R. 톨킨의 소설 『반지의 제왕』에 등장하는 예지의 돌Seeing stone에서 따온 이름입니다. 과거와 미래를 비추고 멀리 떨어진 곳의 진실까지 꿰뚫어보는 이 돌처럼, 흩어진 데이터를 하나의 시야에 통합하여 통찰 가능한 정보로 전환하려는 이상을 담고 있습니다. 팔란티어는 이 상징을 단지 이름으로 쓰는 데 그치지 않고, 실제 기술 구조와 데이터 해석 방식에 그대로 이식했습니다.

4 인큐텔은 어떤 조직인가?

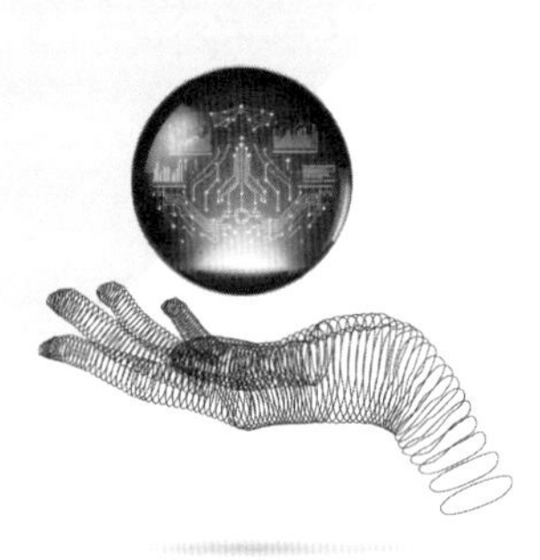

인큐텔 투자 유치

팔란티어는 2003년, 실리콘밸리에서 설립되었습니다. 당시 스타트업 생태계의 주요 투자자들은 감시기술Surveillance tech, 특히 정부·군·정보기관과 연결된 기술에 대해 대체로 회의적인 시선을 보였습니다. 정부의 입맛에 맞는 도구나 잠재적 검열 플랫폼이 될 수 있다는 우려가 있었기 때문입니다. 실제로 와이어드Wired, 테크크런치TechCrunch 등 여러 매체와 피터 틸의 인터뷰에서는 투자자들이 팔란티어의 사업 모델에 대해 "불편하다Uncomfortable" "회의적이다Skeptical" 같은 표현을 직접 사용한 기록이 반복적으로 등장합니다.

또한 전례 없는 사업 모델과 철학적 문제의식은 투자자들 사이에서 더욱 낯설게 받아들여졌고, 이로 인해 민간 투자 유치에 어려움을 겪었습니다. 결국 피터 틸은 페이팔 창업으로 축적한 자본을 직접 투입해 회사를 시작했습니다. 1년 뒤인 2004년, 팔란티어는 CIA 산하 벤처캐피털인 인큐텔In-Q-Tel로부터 첫 외부 투자를 유치하며 중요한 전환점을 맞이합니다. 정부가 먼저 손을 내민 이 첫 투자는 팔란티어가 수많은 기술 스타트업 가운데에서도 전혀 다른 궤도로 진입하게 된 결정적 계기였습니다.

같은 기술을 두고, 민간은 리스크로 판단했고 정부는 가능성으로 해석했습니다. 이 아이러니한 대비는 '팔란티어'라는 기업의 정체성을 더욱 선명하게 부각시켰습니다.

인큐텔의 정체성과 역할

인큐텔은 1999년 미국 중앙정보국CIA이 설립한 비영리 벤처캐피털입니다. 정보기관이 직면한 기술적 수요를 민간 스타트업의 혁신으로 해결하기 위해 설계된 조직으로, 상업적 수익을 추구하는 일반 벤처캐피털과는 구조 자체가 다릅니다. 이들의 투자 판단 기준은 CIA·NSA·FBI·DIA 등 정보기관이 실제 현장에서 활용할 수 있는 기술인지 여부가 최우선이며, 상업적 성공 가능성은 부차적인 요소에 불과합니다.

"인큐텔이 투자를 결정했다는 건, 그 기술이 실전에서도 통할 가능성을 갖췄다는 의미입니다. 그들은 실험이 아니라 실전을 위한 기술만 고릅니다."

– 전 CIA 기술 자문 인터뷰(출처: 와이어드)

즉, 인큐텔의 투자는 단순한 자금 지원이 아니라 실전 검증의 무대로 진입하는 첫 관문이라는 의미를 갖습니다.

인큐텔이 팔란티어를 선택한 것은, 9·11 테러 이후 드러난 정보 분석 실패 문제를 해결할 잠재적 해법이 팔란티어의 기술에 있다고 보았기 때문입니다. 당시 정부 기관들은 기존의 규칙 기반 정보 처리 시스템으로는 9·11 이후 등장한 비정형적·비예측적 위협에 대응하기 어렵다고 판단했고, 팔란티어는 그 공백을 메울 수 있는 새로운 대안으로 선택되었습니다. 즉, 기술력이나 시장성이 아니라 국가적 과제를 해결할 잠재력을 인정받은 민간 파트너로서 선택된 것입니다.

팔란티어는 이 투자를 통해 국가 안보 시스템을 기술로 보완할 수 있는 기업이라는 공적 정체성을 부여받았고, 민간 스타트업임에도 정보 기관의 국가 안보 파트너로서 첫발을 내딛게 됩니다.

인큐텔 투자가 가져온 변화

인큐텔은 단순히 자금을 투자하는 데 그치지 않고, 팔란티어가 CIA 내부에서 기술을 직접 시험할 기회를 제공했습니다. 이 과정을 통해 기술의 효용성을 입증한 팔란티어는 FBI, NSA, 국방부 등 미국 핵심 정부 기관들과도 연이어 협업을 확대하며 정부 전반의 의사결정 인프라에 깊숙이 통합되는 B2GBusiness to Government기반 비즈니스 모델을 구축하게 됩니다.

팔란티어는 창업 초기부터 수익보다 정부의 신뢰를 먼저 확보하는 전략을 택했습니다. 특히 "한 번 도입되면 대체 불가능한 시스템을 만들자"는 전략 아래, 정부 기관의 핵심 의사결정 과정에 기술이 내재화되는 구조를 설계했고, 이 전략은 강력한 락인 효과Lock-in effect로 이어졌습니다. 결국 팔란티어는 단순한 외주 공급자가 아닌 정부 기관의 핵심 파트너로 자리 잡게 됩니다.

5 기술보다 철학이 먼저였다

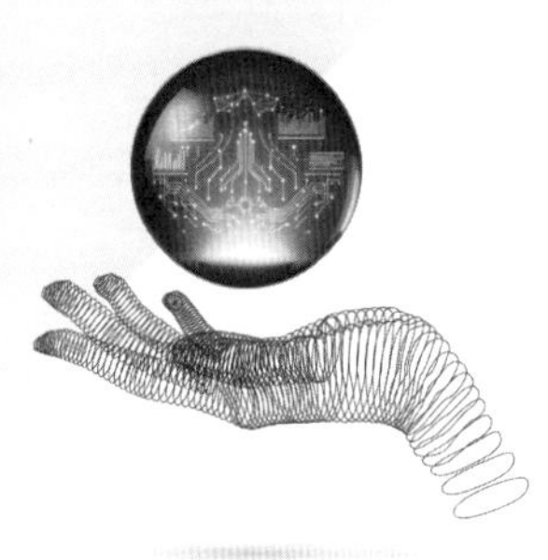

팔란티어의 창업자들은 기술 개발보다 '기술이 사회에 어떤 역할을 해야 하는가'를 먼저 고민했습니다. 그 철학이 곧 팔란티어 창업의 씨앗이 되었으며, 이 철학은 모든 기술과 시스템의 설계에 일관되게 반영됩니다. 알렉스 카프는 CNBC 인터뷰에서 다음과 같이 밝혔습니다.

"팔란티어는 단순한 소프트웨어 회사가 아닙니다. 우리는 사명 중심Mission-Driven으로 움직이는 기업입니다."

– 알렉스 카프, CNBC 인터뷰, 2021. 5. 5.

이 발언은 팔란티어가 단순한 기술 기업이 아니라 사회 문제 해결이라는 분명한 사명Mission을 중심에 둔 조직임을 명확히 보여줍니다. 그는 기술을 통해 데이터를 통찰과 의사결정의 도구로 전환하고자 했습니다.

이러한 철학은 단순히 창업 동기에 머무르지 않고, 고담·파운드리·AIP 등 핵심 플랫폼 구조에까지 깊이 새겨지며 기술의 설계 원리로 자리 잡게 됩니다.

팔란티어의 기술 플랫폼은 단순한 빅데이터 분석 도구가 아닙니다. 창업자의 철학이 기술 구조와 운영 시스템으로 구체화된 결과물입니다. 각 철학적 전제는 다음과 같이 기술 구조로 설계되었습니다.

◆ **철학이 기술 구조로 구현된 방식**

창업 철학	기술 구조
분절된 정보를 하나로 연결해야 한다	→ 온톨로지 의미 기반 통합 구조
상황 인식은 실시간으로 이루어져야 한다	→ 파운드리 / 고담 실시간 대시보드, 알림 시스템
정보는 공유되지 않으면 무의미하다	→ 데이터 사일로 해체, 온톨로지 기반 협업 구조
기술은 감시가 아닌 투명한 통제를 위한 수단이어야 한다	→ AIP 기록 기반 추적 가능

파운드리, 고담, AIP 등 팔란티어의 핵심 플랫폼은 각기 다른 기능을 수행하지만, 모두 위와 같은 철학적 전제를 바탕으로 설계된 기술들입니다. 철학이 먼저였고, 기술은 그 철학을 구현한 구조였습니다.

6 팔란티어의 궁극적인 비즈니스 목표

"우리에게 성공의 기준은 '소프트웨어를 팔았는가'가 아니라, '문제를 해결했는가'입니다."

—샴 생커 Shyam Sankar, 팔란티어 CTO, **Q3 2025 어닝콜**

어떤 회사는 맨날 회의만 합니다. 프레젠테이션 자료는 그럴듯하게 만들고, 차트와 데이터도 넘쳐나지만 회의가 끝나도 정작 달라지는 것은 없습니다. 그 데이터를 보고도 무엇을 해야 하는지는 아무도 말하지 않습니다. 결국 문제는 그대로 남아 있습니다.

반면 팔란티어는 접근법부터 다릅니다. 이 회사는 '이 회의가 왜 필요한가'부터 다시 묻습니다. 표면적인 수치에 머무르지 않고 진짜 문제의 원인이 무엇인지를 파고들어, 그것을 해결하기 위한 의사결정으로 연결합니다.

팔란티어는 데이터를 보여주는 것이 아니라 실제 조직의 문제를 해결하는 것에 집중합니다. 겉보기 성과가 아니라 결과로 입증되는 실효성을 중시하며, 현장에서 바로 활용할 수 있는 인사이트를 만들어냅니다. 피터 틸은 『제로 투 원Zero to One』에서 다음과 같이 강조했습니다.

"고객은 특정 기술 그 자체에 관심을 두지 않는다. 그 기술이 문제를 더 뛰어나게 해결해줄 때만 의미가 있다."

– 피터 틸, 『제로 투 원』(2014)

팔란티어의 본질도 여기에 있습니다. 팔란티어는 단순한 소프트웨어 기업이 아니라, 조직이 직면한 가장 복잡한 문제를 풀어내 최적의 성과로 연결하는 문제 해결 기업입니다. 파운드리 공식 소개에서도 다음과 같이 명시하고 있습니다.

"우리는 조직이 데이터, 의사결정, 운영을 통합해 가장 어려운 문제를 신속히 해결할 수 있도록 돕습니다."

– 팔란티어 파운드리 공식 페이지

9·11 이후 팔란티어는 정보기관의 데이터를 결합해 테러를 막는 방법을 찾는 데서 출발했고, 이후에는 우크라이나 전쟁의 전장 데이터 통합, 코로나19 백신 부족 해소, 보험사의 사기 청구 탐시, 에어버스의 부품 자질 방지까지 조직의 다양한 문제 해결에 활용되었습니다. 팔란티어는 데이터를 정리하는 데 그치지 않고, 최적의 의사결정을 거쳐 조직의 문제를 궁극적으로 해결하는 데 초점을 둡니다.

팔란티어의 철학은 기술로 구현되었고,
그 기술은 다시 문제 해결이라는 목표로 귀결된다.
이것이 팔란티어가 단순한 데이터 기업이 아닌,
위기 속에서 해답을 제시하는 기업으로 인식되는 이유이다.

1 팔란티어는 왜 '빅브라더'로 불렸을까?

2 프라이버시와 감시의 경계

3 철학과 현실 사이의 간극

chapter 2

'빅브라더'라는 프레임

팔란티어를 둘러싼
이미지 가운데 가장 집요하게
따라붙는 단어는 '빅브라더'입니다.

강력한 데이터 통합 능력과 정부·정보기관과의 협업 이력은,
이 회사를 감시 기술의 상징으로 각인시켜 왔습니다.
그러나 '감시'라는 프레임이 씌워지는 순간,
이 기술의 목적은 왜곡된 방향으로 읽히기 시작합니다.
팔란티어는 권력을 행사하기 위한 기술이 아니라,
권력이 어떻게 사용되고 있는지를
그대로 드러내기 위해 설계된 기술이기 때문입니다.
이 장에서는 왜 팔란티어가 빅브라더로 불리게 되었는지부터,
감시 시스템과 팔란티어 기술의 목적이 어떻게 다른지,
그리고 프라이버시와 통제의 경계에서
이 기술이 던지는 불편한 질문들을 차례로 살펴봅니다.

이 질문들은 팔란티어를 둘러싼 오해가
어디에서 비롯되었는지를 선연하게 드러냅니다.

1 팔란티어는 왜 '빅브라더'로 불렸을까?

팔란티어는 종종 '빅브라더'라는 프레임에 갇혀 설명됩니다. 미국 국방부와 CIA, NSA 등 최고 수준의 기밀 기관들과 협력해왔고 민감한 데이터를 처리해온 이력 때문에, 많은 사람들은 자연스럽게 '감시' '통제' '권력'과 같은 키워드를 연상합니다. 여기에 9·11 테러 대응 기술에서 출발했다는 배경, 그리고 CIA가 회사를 직접 만들었다는 오해까지 겹치며 이러한 시각은 더욱 강화되었습니다.

정부 기관·정보기관·데이터 기술의 조합 자체가 감시 체계를 연상시키기에 충분합니다. 경찰 작전, 국경 감시, 테러 대응 등에 팔란티어 기술이 실제로 투입된 사례들이 보도되면서 일부 매체와 대중은 팔란티어를 '현실판 빅브라더'로 묘사하기 시작했습니다. 여기에 팔란티어가 소비자용 서비스나 모바일 앱, 대중이 직접 접하는 인터페이스를 제공하지 않는 기업이라는 점도 오해를 부추깁니다. 결과물은 존재하지만 외부에서 보이지 않고, 고객 대부분이 정부 기관이라는 사실이 결합되며 "닫힌 세계에서 보이지 않는 기술로 무엇인가를 한다"는 인상을 심어준 것입니다.

SNS나 커뮤니티에서는 "정부의 감시를 돕는 민간 기업" "디지털 빅브라더를 실현하는 회사"라는 표현이 등장하며 감시·빅데이터·권력 같은 키워드와 함께 팔란티어가 언급됩니다. 언론도 예외는 아닙니다. 일부 매체는 팔란티어를 "정부의 보이지 않는 기술 파트너" "감시 자본주의의 물리적 인프라"로 묘사하며 의심의 시선을 던집니다.

대중이 인식하는 표면적 이미지와 별개로, 팔란티어가 '빅브라더' 프레임에 반복적으로 묶이는 데에는 더 본질적인 요인이 있습니다. 우선 창업 초기부터 군사·정보기관 프로젝트에 깊게 관여해온 이력 자체가 대중의 경계심을 자극합니다. CIA, 국방부, 연방 수사기관이라는 조합은 '감시'와 '권력'이라는 키워드로 직결되기 쉬운 조건입니다.

또 하나의 오해는 '데이터 통합'이라는 기능에서 비롯됩니다. 여러 기관·부서에 흩어진 정보가 하나의 화면에 모이다 보니 "한곳에서 모든 데이터를 들여다보는 중앙 감시실"처럼 비춰지기도 합니다. 여기에 팔란티어가 보유한 첨단 데이터 분석 기술이 결합되면서, 고도화된 분석 능력이 "개인의 세부 정보까지 더 들여다보게 만드는 것 아니냐"는 추정이 덧씌워집니다. 기술적 정밀함이 곧 감시 효율로 이어질 수 있다는 대중적 인식 때문입니다.

이러한 오해가 쌓이며 팔란티어는 종종 '현실판 빅브라더'로 인식됩니다. 그러나 이런 인식은 팔란티어의 문제의식과 기술 설계 철학을 들여다보지 않은 채, 협력 대상이나 겉으로 드러난 기능만을 기준으로 판단한 결과입니다.

'빅브라더'는 조지 오웰의 소설 『1984』에 등장하는 전체주의 권력의 상징으로, 시민을 감시하고 사고와 행동까지 통제하는 존재입니다. 이 감시는 체제를 유지하기 위한 권력의 핵심 수단으로 작용하며, 자유를 억압하고 복종을 유도하는 지배 장치로 묘사됩니다. 이 개념은 '개인 데이터를 한곳에 모아 권력이 들여다본다'는 의미로 확장되며, 데이터 통합 기술을 보유한 기업들은 이 프레임과 연결되곤 합니다.

현대판 빅브라더: 데이터 독점 기업

오늘날의 '빅브라더'는 더 이상 조지 오웰이 도입한 국가 감시의 개념만을 뜻하지 않습니다. 21세기에 들어서면서 '빅브라더'에 대한 우려는 국가 감시에서 데이터를 독점한 빅테크로 옮겨가고 있습니다. 특히 개인 데이터가 빅테크 플랫폼에 집중되면서 이러한 흐름은 더욱 뚜렷해졌습니다.

- 구글의 검색·위치·모바일 데이터
- 메타의 SNS·메신저·사용자 행동 패턴
- 아마존의 구매·소비 기록

데이터가 각 플랫폼 안으로 축적되자, 개인의 일상이 기업 내부에서 고스란히 포착되는 양상이 나타났습니다. 이 과정에서 "국가가 국민을 들여다본다"는 오래된 전제는 옅어지고, "빅테크가 개인을 더 잘 알고, 더 넓게 포착하는 시대"라는 문제의식이 형성되고 있습니다.

데이터를 대규모로 보유한 기업은 사람의 행동 패턴을 읽을 수 있는 힘을 갖게 됩니다. "무엇을 보고, 무엇을 검색하고, 무엇을 사고, 어디에 머무르고, 어떤 순간에 반응하는지"가 세밀하게 축적되면서, 한 개인의 '내면적 행동 모델'이 사실상 기업 손에 들어가는 셈입니다. 이 정보는 검색·피드·광고 알고리즘에도 활용되며, "플랫폼이 이용자를 관찰할 뿐 아니라 행동과 선택에까지 개입한다"는 비판으로 이어집니다.

결국 '빅브라더'라는 의미는 단순한 국가 감시의 상징에서, 데이터 권력을 독점한 빅테크를 지칭하는 표현으로 자리 잡게 되었습니다. 이 확장된 프레임은 팔란티어에도 옮겨붙습니다. 팔란티어가 데이터를 다루는 기술 기업이라는 분류 안에 놓여 있고, CIA·FBI·국방부 등 국가 안보 프로젝트를 수행해온 이력이 더해지면서 데이터 독점 기업을 향하던 시선이 팔란티어에도 그대로 투영됩니다.

데이터 주권을 전제로 한 설계

현대판 빅브라더와 팔란티어는 본질적으로 다릅니다. 결정적인 차이는 데이터가 어디에서 생성되고, 누구에 의해 어떻게 쓰이느냐에 있습니다. 현대판 빅브라더를 성립시키는 위험 요소는 다음과 같습니다.

- 개인정보의 대규모 수집
- 이용자 행동 패턴의 장기 축적
- 추천·노출 알고리즘을 통한 행동 유도
- 광고 기반의 수익 구조
- 기업의 경제적 목적이 개입된 의사결정

즉, 데이터를 직접 수집하고 사용자의 선택에 개입하며 광고·수익 모델을 위해 행동을 설계하는 시스템이 현대판 빅브라더의 실제 위험을 만듭니다. 하지만 팔란티어는 이 부분에서 완전히 다릅니다. 팔란티어는 고객의 데이터를 수집하거나 보유하지 않기 때문입니다.

데이터 주권Data Sovereignty은 데이터를 생성한 주체(국가·기관·개인)가 그 데이터의 저장·이용·이전·보호 방식에 대해 직접 결정할 권리를 의미합니다. 이 개념은 EU의 GDPR을 비롯해 미국의 연방·주 단위 데이터 규제, 각국의 개인정보보호 체계에서 공통적으로 사용하는 국제적 표준입니다. 데이터의 보유·관리·통제 권한은 데이터 주체에게 있고, 제3자는 해당 데이터를 임의로 이동하거나 저장할 수 없는 것이 핵심입니다. 팔란티어의 시스템은 이 원칙을 전제로 설계되어 있습니다.

- 데이터를 팔란티어로 옮기지 않고
- 고객 데이터베이스 밖으로 이동시키지 않으며
- 접근 권한은 고객이 설정하고
- 감사 기록 역시 고객이 관리합니다.

즉, 고객의 데이터는 항상 고객 시스템 내부에만 남고 팔란티어의 역할은 데이터를 모으는 것이 아니라 고객이 가진 데이터를 연결하고 해석할 수 있도록 기술을 제공하는 데에 국한됩니다. 이 설계는 데이터 주권이 고객에게 완전하게 돌아가는 방식이며, 감시 위험을 근본적으로 제거하는 장치입니다.

권력 남용을 견제하는 시스템

감시 체계에서는 권력이 무엇을 하든 시민은 알 수 없습니다. 의사결정 과정은 기록되지 않고 사용된 정보는 추적되지 않으며, 권력은 무엇을 왜 했는지 설명할 필요가 없고, 책임 역시 부과되지 않습니다.

반면 팔란티어 기술은 데이터가 어떻게 사용되었는지를 전부 남기는 방식을 전제로 합니다. 데이터는 어디서 시작되어 어떤 변환·연결 과정을 거쳐 최종 판단에 사용되었는지까지 모든 흐름이 기록으로 남습니다. 이 기능을 데이터 리니지Data Lineage라고 합니다. 데이터를 통합해 은폐하는 것이 아니라, 출처와 흐름을 명확히 드러내 남용의 여지를 줄이는 방식입니다. 의사결정 역시 같은 원칙이 적용됩니다.

- 어떤 데이터가 사용되었는지
- 누가 어떤 정보에 접근했는지
- 어떤 절차와 기준을 거쳐 결정에 이르렀는지
- 최종 결정을 누가 승인했는지
- 그 결정이 어떤 영향과 결과를 남겼는지 모두 기록됩니다.

이 두 기능이 결합되면 조직 내부의 결정은 결과만 남는 것이 아니라, 그 결과에 이르는 전 과정이 함께 드러납니다. 이 기록은 삭제할 수 없고 수정할 수도 없으며, 권한을 가진 사용자라면 누구든 동일하게 열람할 수 있습니다. 결국 팔란티어의 기술은 감시 권력을 강화하는 기술이 아니라, 권력 행사 과정의 투명성이 확보되도록 설계되어 있습니다. 즉, 감시 권력이 가장 두려워하는 '기록'을 남겨 권력의 남용을 견제하는 기술입니다.

2 프라이버시와 감시의 경계

9·11 이후, 미국은 국가 안보를 명분으로 대규모 감시 시스템을 도입했습니다. 테러를 방지한다는 명목 아래 시민 개개인의 정보는 지속적으로 수집되었고 그 과정에서 프라이버시 침해, 권한 남용, 무차별적 감시라는 윤리적 문제가 반복적으로 제기되었습니다.

당시 미국 사회는 '모두를 지켜봐야 안전하다'는 전제를 상식처럼 받아들였습니다. 그러나 팔란티어는 '안전을 위해 자유를 희생해야 한다'는 이분법적 전제를 거부하고, 개인의 프라이버시를 지키면서도 위협을 식별할 수 있다는 대안을 제시했습니다.

팔란티어가 설계한 시스템은 모든 사람을 감시하지 않습니다. 이상 징후만을 선별해 탐지하고, 필요한 경우에만 개입을 유도하는 구조입니다. 데이터 또한 무차별적으로 수집되는 것이 아니라, 사건 발생 이후의 흐름을 포착하고 의사결정을 지원하는 수단으로 제한적으로만 활용됩니다. 팔란티어는 기술을 감시를 위한 시스템이 아니라, 선별적·제한적 활용을 통해 자유와 프라이버시를 지키기 위한 도구로 설계해왔음을 보여줍니다.

이 차이는 단순한 기술적 차원의 문제가 아닙니다. 안전을 보장하려면 전면 감시가 불가피하다는 오래된 전제를 뒤흔드는 설계입니다. 팔란티어는 데이터 사용의 범위를 좁히는 대신 맥락을 정교하게 이어 붙여, 효율적으로 판단에 활용되도록 만들었습니다. 감시의 도구가 아니라, 사회적 안전망을 정밀하게 지원하는 기술로 자리를 굳혔습니다.

'빅브라더'와 같은 통제 시스템과 달리, 팔란티어는 자유와 안전이 충돌하지 않도록 설계된 기술 구조를 추구해왔고, 이 방향성은 지금의 기술 전반에도 일관되게 반영되어 있습니다. 팔란티어가 설계한 시스템은 '빅브라더'의 세계관과는 정반대에 서 있습니다.

팔란티어를 감시 기술로 오해하는 시선은 많지만, 팔란티어는 데이터를 감시의 눈이 아니라, 정확한 의사결정을 위한 '렌즈'로 활용합니다. 팔란티어가 설계한 기술은 권력을 유지하기 위한 감시가 아니라 문제를 분석하고 해결을 지원하기 위한 시스템입니다. 소설 속 감시 체제가 시민의 행동을 통제하는 데 초점을 맞췄다면, 팔란티어는 흩어진 정보를 통합해 해석하고 결정 가능한 정보로 정제함으로써 실제로 행동해야 하는 사람에게 필요한 인사이트를 제공합니다.

팔란티어의 기술은 통제를 위한 목적이 아니라 실행 가능한 의사결정을 지원하도록 설계된 체계적 플랫폼입니다.

3 철학과 현실 사이의 간극

팔란티어의 철학과는 별개로, 그 기술이 현실에서 어떻게 활용되고 있는지를 두고는 여전히 논쟁이 존재합니다. 특히 미국 이민세관단속국ICE의 이민자 단속 과정에서 팔란티어의 소프트웨어가 활용된 사실이 알려지면서, 이민자 감시와 시민권 침해 가능성을 둘러싼 논란이 미국 사회의 핵심 쟁점으로 떠올랐습니다. 여러 언론과 인권 단체는 팔란티어가 ICE와의 계약을 통해 이민자 추적·단속 시스템을 지원하고 있다고 비판해왔고, 이를 계기로 미국 내 여러 도시에서 항의 시위가 이어졌습니다.

ICE의 단속 시스템 일부가 팔란티어의 고담 등 데이터 분석 플랫폼을 기반으로 운영된다는 점이 알려지자, 시위대는 이를 '추방 집행을 가능하게 한 기술'로 규정하며 팔란티어를 계약의 책임 당사자 중 하나로 지목했습니다. 참가자들은 팔란티어 본사와 지사 앞에서 계약 해지를 요구하는 집회를 열고, 'No Tech for ICE'와 같은 구호를 내세워 기술 기업이 정부의 권한 남용에 관여해서는 안 된다는 메시지를 강조했습니다. 이러한 시위와 비판은 이후 기술 기업의 사회적 책임과 공공 데이터·감시 기술 활용을 둘러싼 더 넓은 논쟁으로 확산되었습니다.

또한, 팔란티어는 계약 방식과 운영 구조가 지나치게 폐쇄적이라는 점에서도 비판을 받고 있습니다. '모든 것을 보는 눈'이라는 의미를 담은 이름과는 달리, 정작 팔란티어는 실제 계약 내용이나 기술 활용 방식 등 핵심 정보를 외부에 거의 공개하지 않아 감시의 사각지대에 놓여 있다는 비판도 제기됩니다.

팔란티어의 정보가 제한적으로 보이는 이유는 주요 계약이 국방부와 정보기관처럼 기밀 규정을 따르는 조직과 맺어져 있어 계약 조건이나 운영 내용을 외부에 공개할 수 없기 때문입니다. 국가안보와 수사 정보가 포함된 문서는 FOIA(미국 정보공개법)에서도 대부분 공개 대상에서 제외되고, 기관별 현장 구조에 맞춰 기능을 설계하는 방식까지 겹치면서 실제 활용 방식이 외부에서 파악하기란 쉽지 않습니다.

결국 이 철학과 현실 사이의 간극은 기술이 쓰이는 환경 때문에 생깁니다. 어떤 철학 위에 설계되었든 기술의 실제 쓰임은 사용하는 조직의 의도와 운영 방식에 따라 달라질 수 있다는 점을 반드시 인식해야 합니다.

기술은 본질적으로는 중립적이지만, 그것이 사회에 미치는 영향은 언제나 사용자의 결정에 달려 있습니다. 팔란티어의 기술 역시 사용하는 이들의 윤리 위에서 완성됩니다.

빅브라더는 통제를 위해 데이터를 썼고,
팔란티어는 이해를 위해 데이터를 엮었다.
정보는 목적에 따라 무기가 되기도, 렌즈가 되기도 한다.

1 고담: 정부와 정보기관을 위한 전략 분석 플랫폼

2 파운드리: 민간 기업을 위한 전략 데이터 플랫폼

3 아폴로: SaaS 전환을 설계한 결정적 인프라

4 AIP: 실행까지 이어지는 AI 운영 플랫폼

5 FDE: 현장을 설계하는 전략 엔지니어

6 스노우플레이크·데이터브릭스 vs 팔란티어

chapter 3

팔란티어의 기술 구조

조직의 문제는 정보가 부족해서가 아니라, 이미 축적된 데이터를 의사결정에 제대로 활용하지 못하는 데 있습니다.

정보는 각기 다른 기준과 해석 속에서 흩어지고, 분석은 반복되지만 실제 의사결정과 운영까지 이어지지 않습니다. 팔란티어는 이 단절을 단순한 데이터 처리의 한계가 아니라, 조직이 서로 다른 데이터를 같은 맥락으로 묶지 못하는 데서 비롯된 문제로 봅니다.

팔란티어가 제시한 해법의 중심에는 온톨로지가 있습니다. 팔란티어는 데이터를 수치나 테이블로 환원하지 않고, 상황을 구성하는 요소들이 어떤 관계를 맺고 있는지를 하나의 구조로 정의합니다. 그리고 그 구조를 조직 전체가 공유하도록 설계합니다. 온톨로지는 데이터를 해석하는 기준이자, 조직이 같은 상황을 동일한 맥락에서 이해하도록 만드는 공통의 언어입니다.

팔란티어는 목적과 적용 환경에 따라 여러 플랫폼을 분리해 설계했습니다. 고담은 정부와 정보기관에 흩어진 방대한 정보를 하나의 분석 환경으로 통합해 전략적 분석과 판단이 가능하도록 만들고, 파운드리는 민간 기업의 운영 환경으로 확장해 분산된 데이터가 실제 업무 흐름으로 이어지게 합니다. AIP는 여기에 인공지능을 결합해, 분석이 실행 단계까지 이어지도록 설계되었습니다. 아폴로는 이러한 시스템이 서로 다른 보안·인프라 환경에서도 일관되게 배포·운영되도록 뒷받침합니다.

이 구조가 실제 업무 현장에서 유효하려면 온톨로지는 조직의 실제 업무 방식과 지속적으로 맞물려야 하며, 이 역할을 수행하는 주체가 바로 FDE입니다. 데이터가 현장의 상황을 제대로 반영하지 못하는 순간 플랫폼은 의미 있는 결과를 만들어내지 못하며, FDE는 이 간극이 생기지 않도록 현장에서 구조를 조정하고 완성합니다.

이 장에서는 팔란티어의 핵심 플랫폼들이 어떤 역할로 구성되어 있는지, 그리고 왜 온톨로지와 FDE가 이 기술 체계의 완성에 핵심적인 역할을 하는지 살펴봅니다.

1 고담: 정부와 정보기관을 위한 전략 분석 플랫폼

고담Gotham은 팔란티어가 정부, 국방, 정보기관을 위해 개발한 전략 분석 플랫폼입니다. 수많은 기관에 흩어져 있는 방대한 데이터를 실시간으로 통합·분석하여, 위협을 식별하고 전략적 의사결정을 지원합니다. 단순한 데이터 분석 도구가 아니라, 국가 전략의 실행을 지원하도록 설계된 실시간 의사결정 플랫폼입니다.

고담은 특히 테러 방지, 군사 작전, 정보기관의 복잡한 데이터 분석처럼, 고위험·고밀도 정보를 다루는 영역에 특화되어 있습니다. 이러한 환경에서는 신속한 의사결정과 정밀한 연결이 필수적이며, 고담은 실시간 통합 기능을 통해 이 조건을 충족하도록 설계되었습니다.

FBI, CIA, NSA와 같이 독립적으로 운영되던 기관들도 고담을 통해 데이터를 단일 시스템에서 실시간으로 공유하며, 공조 수사와 작전을 효율적으로 수행할 수 있게 되었습니다.

실제로 고담은 다음과 같은 주요 임무에 투입되었습니다.

- 오사마 빈 라덴 제거 작전: 흩어진 정보의 통합 및 위치 추적
- FBI·CIA 수사 및 정보 분석: 범죄 조직의 자금 흐름 추적, 테러 활동 패턴 사전 식별
- 러시아-우크라이나 전쟁: 드론 타격, 무기 재배치, 적군 이동 경로 예측 등 실시간 전장 분석

이 중 러시아-우크라이나 전쟁은 고담이 '전장을 바꾼 디지털 무기'로 평가받으며 특히 주목받은 사례입니다. 고담은 국가의 실시간 전략 판단과 대응을 지원하는 '디지털 전략실'로 묘사됩니다.

고담의 본질은 '데이터 사일로 해체'

고담의 핵심 가치는 '데이터 사일로Data Silo'를 해체하는 데 있습니니

다. 과거 미국 정부의 정보기관들은 서로 다른 시스템을 운영하며 데이터를 폐쇄적으로 관리했습니다.

그 결과, 동일한 위협에 대해 여러 기관이 각각 정보를 보유하고 있었음에도 불구하고, 이를 공유하지 않아 조기 대응에 실패하는 문제가 반복되었습니다.

9·11 테러는 바로 이러한 단절이 만들어낸 대표적인 비극이었습니다. 당시 테러범에 대한 정보는 FBI, CIA, 국무부 등에 흩어져 있었지만, 상호 간 데이터 연결이 이루어지지 않아 사전 대응이 불가능했습니다. 문제는 데이터의 부족이 아니라, 정보가 전략 판단으로 닿지 못한 체계였습니다.

고담은 바로 이 근본적 문제를 해결하기 위해 만들어졌습니다. 기관 간 데이터를 실시간으로 연결하고 단일 분석 체계로 통합해, 공조 수사와 위협 대응의 정확성과 속도를 획기적으로 개선했습니다. 팔란티어는 이 기능을 공식적으로 '데이터 사일로 해체Breaking down data silos'라 명시하며, 고담의 존재 이유이자 전략적 가치의 중심으로 강조합니다.

+ 데이터 사일로란?

서로 다른 부서나 기관이 데이터를 각자의 시스템에 고립시켜 보관함으로써, 전체 조직 관점에서 통합 분석과 협업이 불가능해지는 현상을 의미합니다.

결정 없는 국가는, 정보로도 지킬 수 없다

정보기관 간의 데이터 단절은 곧 국가적 리스크로 이어집니다. 같은 국가 안에서도 국방, 정보기관, 국토안보, 지역 수사 기관이 서로 다른 시스템과 기준으로 데이터를 관리하면, 정보는 쌓이지만 서로 연결되지 않습니다.

전체 상황을 조망할 수 없는 이 단절이 곧 국가적 리스크의 시작입니다. 고담은 이러한 분절된 데이터를 하나로 엮어 국가 차원의 전략적 의사결정을 실시간으로 가능하게 하며, 정부와 정보기관 간 협업과 대응의 일관성을 강화합니다.

데이터가 통합되어 조직이 같은 정보를 본다면, 더 깊이 보고 더 정확히 결정하며 더 빠르게 움직일 수 있게 됩니다. 반대로 데이터가 연결되지 않은 조직은 정보가 넘쳐도 결정을 내리지 못하는 조직으로 남습니다.

고담은 정보 그 자체보다 결정력이 더 중요해진 시대에 조직의 운영 기반을 기술적으로 재설계한 대표적 전략 플랫폼입니다.

+ Summary

고담은 팔란티어가 정부·국방·정보기관을 위해 개발한 전략 분석 플랫폼이다. 이 플랫폼은 분절된 데이터를 하나의 의사결정 체계로 통합해, 테러 대응·전장 판단·공조 수사 등 전략적 의사결정을 지원한다.

2 파운드리: 민간 기업을 위한 전략 데이터 플랫폼

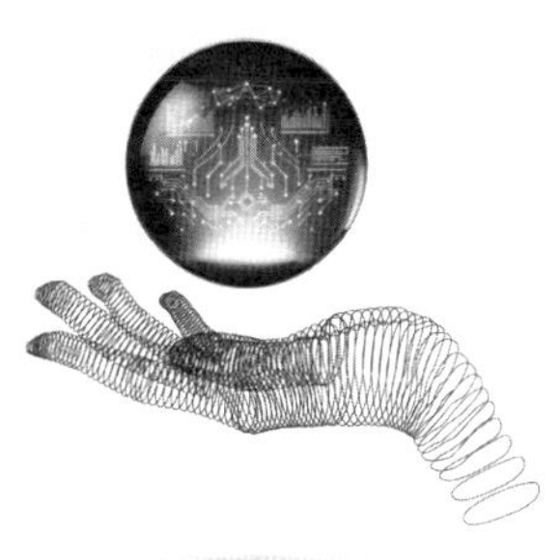

파운드리Foundry는 팔란티어가 민간 기업의 복잡한 데이터 환경을 위해 설계한 전략적 데이터 플랫폼입니다. 고담이 정부 기관을 위한 플랫폼이라면, 파운드리는 기업 조직의 현실에 맞춰 최적화된 형태로 진화한 시스템입니다. 기업 내 데이터 환경은 매우 복잡합니다. ERP, CRM, Excel, 내부 시스템, 클라우드 등 다양한 포맷과 위치에 흩어져 있으며, 대부분 기능 단위로 쪼개져 있어 통합이 쉽지 않습니다. 설령 통합에 성공하더라도, 데이터를 실제 업무에 활용할 수 있는 구조로 전환하는 일은 더욱 어렵습니다.

기존 시스템의 한계: 저장은 해도, 연결은 못 한다

ERP나 CRM과 같은 운영 시스템은 데이터를 보관하고 기록하는 데 초점이 맞춰져 있습니다. 하지만 이러한 시스템들은 데이터를 부서와 기능별로 따로 저장해 전체 흐름을 파악하기 어렵게 만들고, 업무의 실제 맥락도 제대로 읽어내지 못합니다.

또한 실시간으로 의사결정이 흘러가는 구조를 만들어내지 못한다는 한계도 있습니다. 즉, 데이터를 쌓아두는 데는 강하지만, 데이터를 활용해 실행 가능한 의사결정 구조로 전환하기는 어렵습니다. 그러나 파운드리는 완전히 다른 방식으로 접근합니다. 그 중심에는 '온톨로지'라는 개념이 있습니다.

파운드리는 온톨로지를 통해 부서별로 흩어진 데이터를 현실 업무 구조에 따라 재배치하고, 맥락과 흐름에 맞게 연결합니다. 단순한 통합이 아닌, 의미를 재구성하는 정밀한 연결 방식입니다.

예를 들어, 고객의 불만 접수 건을 정확히 이해하려면 해당 고객의 주문 내역, 배송 일정, 제품 생산 정보, 그리고 A/S 이력까지 함께 연결되어야 문제의 실제 원인을 파악할 수 있습니다. 파운드리는 이처럼 업무 전반에 흩어진 정보들을 온톨로지를 통해 하나의 맥락 안으로 끌어와, 단일한 업무 흐름으로 연결합니다.

온톨로지는 데이터를 고립된 조각에서 꺼내 실제 상황의 맥락 속 관계로 재구성함으로써, 정보에 생명을 부여합니다. 파운드리는 단순한 저장 시스템이 아닙니다. 데이터를 의사결정이 가능한 흐름으로 이끄는 플랫폼입니다.

온톨로지: 팔란티어 기술의 심장

팔란티어의 투자자라면, 이 회사의 기술이나 플랫폼을 깊이 알지 못하더라도 '온톨로지Ontology'라는 단어는 한 번쯤 들어보셨을 것입니다. 그만큼 이 개념은 팔란티어의 정체성을 상징하는 핵심 용어이자, 파운드리의 기술적 심장이라 할 수 있습니다.

온톨로지를 이해하면, 팔란티어의 데이터 철학이 기술 설계에 어떻게 녹아 있는지 자연스럽게 파악할 수 있으며 이 플랫폼이 단순한 분석 도구가 아니라 데이터를 통찰력 있는 결정으로 전환시켜주는 팔란티어만의 압도적 경쟁 우위라는 점도 명확해집니다.

온톨로지는 단편적인 데이터를 연결해 '의미 있는 관계'로 재구성하는 팔란티어의 핵심 언어이자 해석 체계입니다. 조직의 지식과 업무 프로세스의 '디지털 지도'라 할 수 있습니다. 예를 들어, 환자가 응급실에 들어왔습니다. 이때 필요한 정보는 무엇일까요?

- 환자의 병력과 복용 중인 약
- 현재 수술실, 검사실, 병상 가용 현황
- 의료진의 근무 스케줄
- 보험 적용 여부

이 모든 데이터는 각기 다른 시스템에 흩어져 있어, 일반 시스템에서는 직원이 여러 화면을 띄우고 일일이 수작업으로 정보를 찾아야 합니다. 하지만 온톨로지 기반 시스템에서는 '환자 도착'이라는 단일 이벤트만으로 관련된 모든 정보가 자동으로 연결되어 하나의 화면에 통합되어 나타납니다. 그 이유는 각각의 데이터가 '의미 있는 관계'로 미리 설계되어 있기 때문입니다. 의료진은 이 통합된 정보 묶음을 바탕으로 즉시 판단을 내리고, 빠르게 대응할 수 있습니다.

온톨로지는 데이터를 현실의 조직과 맥락에 맞게 구조화하고, 실행 가능한 인사이트로 전환하는 핵심 기술입니다. 데이터를 단순히 쌓아두는 것이 아니라, 현실 세계의 조직·사물·사건·사람 등을 '객체Object'로 정의하고, 이 객체들이 어떻게 연결되어 있는지를 디지털상에 그대로 재현합니다.

흩어진 데이터를 마치 형사 수사 보드 위에 증거와 용의자를 배치하듯 하나의 설계도에 올려 관계를 정밀하게 잇고, 의사결정이 가능한 '맥락 지도'로 완성하는 체계입니다. 이 맥락 지도는 단순한 시각화가 아니라, 사전에 정의된 관계 규칙에 따라 업무 흐름 속에서 필요한 정보를 자동으로 호출·갱신합니다. 즉, 데이터를 단순히 엑셀처럼 배열하는 것이 아니라, 현실 조직의 움직임과 맥락에 따라 실이 움직이는 구조로 설계하는 것입니다. 앞서 살펴본 병원 사례에 이 개념을 다시 적용해보면 다음과 같습니다.

- 병력, 약물, 병상, 의료진 스케줄 등은 각각 "객체"로 정의됩니다.
- 객체의 속성과 관계가 온톨로지 안에서 정의되어, 데이터가 의미 단위로 연결됩니다.
- 따라서 "환자 도착"이라는 단일 이벤트가 발생하면, 관련된 모든 객체 정보들이 맥락에 따라 자동으로 연결되어 실시간으로 표시됩니다.

즉, 사용자가 정보를 일일이 찾아가는 방식이 아니라, 사전에 정의된 관계에 따라 상황에 맞는 데이터가 자동으로 호출되어 실시간으로 표시됩니다.

온톨로지는 데이터를 스프레드시트에 갇힌 수치가 아닌, 상황에 따라 즉시 연결되고 업무 맥락 속에서 활용되는 '일하는 구조'로 전환합니다. 이를 통해 빠르고 정밀한 의사결정이 가능해집니다.

온톨로지의 세 개의 계층 구조

팔란티어의 온톨로지는 세 개의 계층으로 구성됩니다.

- 시멘틱 레이어Semantic Layer: 데이터를 의미의 구조로 설계
- 키네틱 레이어Kinetic Layer: 그 구조 위에서 행동과 변화를 정의
- 다이나믹 레이어Dynamic Layer: 모든 상호작용을 시뮬레이션하고 예측

세 계층은 유기적으로 맞물려, 데이터를 맥락 속에서 해석하고 실제 운영으로 연결하는 일관된 체계를 이룹니다.

(1) 시멘틱 레이어

시멘틱 레이어는 조직의 다양한 데이터와 개념을 하나의 공통 언어로 연결해, 맥락과 의미에 따라 데이터를 논리적으로 구조화 하는 계층으로 객체·속성·링크[1] 세 요소로 구성됩니다.

객체 *

객체Object는 온톨로지의 기본 단위로, 현실 세계의 실체Entity를 디지털상에 표현한 개념입니다. 사람·사물·사건·조직 등 분석의 출발점이

1 팔란티어의 공식 용어로, 전통적인 데이터모델링에서 말하는 관계(Relationship) 개념에 해당

되는 모든 요소가 객체로 정의됩니다.

예를 들어, 병원에서는 환자·병상·의료진, 항공사에서는 항공기·승무원·노선, 제소기업에서는 설비·부품·공정이 객체에 해당합니다. 팔란티어의 온톨로지에서는 객체를 단일 개념으로 다루지 않고, 객체 타입Object Type과 객체Object를 명확히 구분해 설계합니다.

- 객체 타입: 여러 객체가 속하는 상위 분류Class를 의미합니다.
- 객체: 객체 타입에 속하는 개별 인스턴스Instance로, 실제 데이터를 담은 구체적인 대상을 뜻합니다.

예를 들어, '공항'이 객체 타입이라면, 'JFK 공항'은 그 객체에 해당합니다. 즉, 객체 타입은 '종류'를, 객체는 '그 종류의 실제 사례'를 뜻합니다.

속성*

속성Property은 객체가 가진 고유한 특성이나 상태를 설명하는 요소입니다. 객체를 구체적으로 구분하고, 그 특성을 명확히 드러내는 기준이 됩니다.

병원에서는 환자의 나이·병력·복용 약물, 항공사에서는 항공기의 기체 번호·비행 시간·정비 주기, 제조기업에서는 설비의 온도·가동 시간·생산량 등이 속성에 해당합니다.

팔란티어에서는 속성을 단순한 정적 값으로만 다루지 않습니다. 시간에 따라 변하는 상태(예: 바이탈, 온도, 재고 수준 등)도 시계열 속성Time Series Property으로 정의해 관리할 수 있으며, 이를 통해 데이터의 변화를 시간의 흐름 속에서 연속적으로 기록하고 분석할 수 있습니다.

+ 시계열 속성

시간에 따라 값이 변하는 데이터를 시간 정보와 함께 기록하는 속성입니다. 예를 들어 전력 사용량, 환자의 바이탈, 창고의 재고처럼 시간이 지날수록 달라지는 값들을 연속적으로 기록해 한 순간의 상태가 아니라 변화의 흐름 전체를 분석할 수 있습니다.

링크*

링크Link는 객체 간의 연결과 상호작용을 정의하는 요소입니다. 각 객체가 어떤 관계로 연결되어 있고, 그 영향이 어디로 확장되는지를 규정합니다. 병원에서는 환자-의료진, 항공사에서는 항공기-정비팀, 제조기업에서는 공장-부품 간의 연결이 이에 해당합니다.

팔란티어에서는 링크Link를 단순한 연결선으로 보지 않습니다. 각 링크Link는 객체 간의 의존성과 방향, 종속 관계를 정교하게 설계해, 데이터가 어떤 맥락 속에서 연결되는지를 명확하게 드러냅니다.

예를 들어, '항공편'이라는 객체가 '승객'과 '항공기' 데이터를 연결할 때, 링크는 '항공편이 어느 항공기에 속하고, 어떤 승객들을 포함하는가'를 정확히 규정합니다.

이 객체, 속성, 링크 세가지 요소가 결합해 현실 조직의 구조와 의미적 관계를 논리적으로 재현한 층이 팔란티어가 정의하는 시멘틱 레이어입니다.

(2) 키네틱 레이어

키네틱 레이어는 '의미가 행동으로 전환되는 층'으로, 시멘틱 레이어에서 정의된 데이터의 관계와 규칙을 실제 운영에 연결해, 현실의 변화에 따라 시스템이 자동으로 판단하고 실행할 수 있도록 만드는 계층입니다. 온톨로지 내부에서는 '동사Verb'의 개념으로 이해할 수 있습니다.

액션*

액션Action은 온톨로지 안에서 행동을 실행하는 단위입니다. 사용자가 직접 수행하거나 시스템이 자동으로 실행할 수 있으며, 객체·속성·링크에 구체적인 변화를 일으키는 역할을 합니다. 예를 들어 병원에서는 환자를 병상에 배정하거나, 수술 상태를 '완료'로 변경하고, 항공사에서는 항공기 정비를 승인하거나, 비행 일정을 갱신하며, 제조기업에서는 부품을 조립라인에 투입하거나, 생산량을 조정합니다.

즉, 액션은 현실의 업무 흐름 속에서 이루어지는 결정과 실행을 디지털로 구현한 단위입니다. 이 과정을 통해 데이터는 단순한 정보가 아닌, 실제로 '실행 가능한 구조'로 전환됩니다.

함수*

함수Function는 액션이 실행될 때 함께 작동하는 계산·판단·조건 처리 로직입니다. 특정 행동이 발생했을 때 무엇을 확인하고, 어떤 후속 조치를 자동으로 적용할지를 함수가 결정합니다.

예를 들어, 병원에서는 환자의 바이탈이 기준치를 초과하면 경고 알림을 전송하고, 항공사에서는 정비 승인 후 자동으로 비행 스케줄을 업데이트하며, 제조기업에서는 재고가 임계치에 도달하면 추가 생산을 자동으로 실행합니다.

즉, 액션이 '무엇을 했다'라면, 함수는 '그다음에 무엇이 자동으로 따라와야 하는가'를 규정하는 로직입니다. 팔란티어는 이 구조를 통해 운영 규칙과 자동화를 체계적으로 구현합니다. 액션은 실행을, 함수는 그 실행의 논리를 설계합니다. 두 요소가 맞물릴 때 데이터는 상황에 반응하는 지능적 시스템으로 작동합니다.

(3) 다이나믹 레이어

다이나믹 레이어는 '예측과 의사결정의 층'입니다. 시멘틱 레이어가 설계한 의미 구조와 키네틱 레이어가 실행한 행동 데이터를 기반으로,

AI를 활용해 '무엇이 일어날 수 있는가'를 시뮬레이션하고 최적의 결정을 도출하는 단계입니다.

이 레이어는 운영 흐름과 행동 데이터를 결합해 미래의 시나리오를 탐색합니다. AI는 변수의 변화를 가정하고 결과를 시각화하며, 실제 의사결정이 가져올 영향을 사전에 검증하고 학습합니다.

특히 단일 결과 예측이 아닌 연속된 의사결정 과정을 단계별로 시뮬레이션하는 '멀티스텝 시뮬레이션Multi-step Simulation'을 수행하며, 시간의 흐름 속에서 운영상의 결정 변화가 만들어내는 '연쇄적 파급효과'를 정밀하게 분석합니다.

'연쇄적 파급효과'란, 하나의 결정이 다음 단계의 조건을 바꾸고 그 변화가 다시 새로운 결정을 촉발하는 연속적 반응을 뜻합니다. 예를 들어, 실제 운영 단계에서 계획을 조정하거나 자원 투입을 변경할 때, 이러한 변화가 시스템 전반에 어떤 영향을 미치는지를 실시간으로 시뮬레이션하고, 그 결과를 바탕으로 가장 효율적인 선택지를 제시합니다.

다이나믹 레이어는 데이터를 의미(Semantic)에서 행동(Kinetic)으로 연결하고, 그 흐름을 의사결정으로 완성하는 팔란티어 온톨로지의 마지막 계층이며, 데이터 기반 의사결정이 순환하는 지능형 구조의 완성점이라 할 수 있습니다.

디지털 트윈: 현실을 실시간으로 복제·운영하는 데이터 모델

디지털 트윈Digital Twin은 현실 세계의 자산, 프로세스, 시스템을 디지털 공간에 정밀하게 복제한 디지털 운영 모델입니다. 현실 세계의 공장 설비, 물류망, 조직 운영 등 실제 운영 구조를 디지털로 재현해, 변화 시나리오를 시뮬레이션하고 그 결과를 예측할 수 있도록 설계되어 있습니다.

예를 들어, 항공사에서는 각 항공기·노선·승객 흐름이 데이터 객체로 실시간 반영되어 엔진 점검 시기·연료 효율·스케줄 변경 시의 파급효과를 즉시 시뮬레이션할 수 있습니다. 제조 기업이라면 생산 라인의 센서 데이터와 공급망 정보를 통합해 특정 부품의 지연이 전체 생산량에 미치는 영향을 즉각 예측하고 대체 시나리오를 실행하기 전에 시뮬레이션으로 검증할 수 있습니다.

즉, 디지털 트윈은 데이터의 '정적 분석'이 아닌, 실제 세계의 복잡한 운영을 실시간으로 복제하고 예측하며 의사결정에 반영할 수 있는 지능형 시뮬레이션 체계입니다. 파운드리는 이 디지털 트윈을 통해 기업이 데이터 기반 의사결정을 실제 운영 현장으로 확장할 수 있도록 설계되어 있습니다.

의사결정 체계를 고도화하는 피드백 루프

팔란티어는 데이터를 해석에서 실행으로 전환하는 과정을 데이터-로직-액션의 세 단계 구조로 정의합니다. 데이터Data가 수집되고, 로직Logic을 통해 의미가 해석되며, 실행Action 단계에서 실제 조치로 이어집니다. 이 과정에서 결과는 다시 시스템에 입력되어 피드백 루프Feedback Loop를 통해 지속적으로 학습과 조정이 이루어집니다.

피드백 루프는 실행 결과가 다시 시스템에 입력되어write-back 다음 의사결정의 입력값으로 반영되는 순환 구조이며, 이 순환 과정을 통해 전체 의사결정 구조의 정밀도는 지속적으로 고도화됩니다. 예를 들어, 제조 공장에서 설비 이상이 감지되어 냉각 조치가 이루어졌다면, 그 결과(온도 변화, 가동률 회복, 에너지 소비량 등)는 시스템에 기록되어 반영되고, 현장 관리자의 평가나 관찰 내용도 함께 입력되어 다음 결정의 기준점으로 활용됩니다.

이렇게 축적된 결과 데이터는 다시 데이터로 재흡수되고 로직을 보정하고 다음 액션으로 반영되는 순환을 거치며, 의사결정의 속도와 정확성을 지속적으로 높여갑니다.

단일 진실 공급원: 통합된 해석 체계

온톨로지를 설명할 때 '단일 진실 공급원Single Source of Truth, SSOT'이라는 통합된 해석 체계도 빼놓을 수 없습니다. 업계에서 통용되는 일반 기술 용어로, 조직 내 모든 데이터가 하나의 동일한 기준과 출처를 기반으로 관리되는 원칙을 뜻합니다. 즉, 모든 구성원이 같은 정보를 보고 같은 판단을 내릴 수 있도록 만드는 데이터 일관성 체계입니다.

각 부서에서 매출을 해석하는 기준이 다르면 혼선이 생깁니다. 영업팀은 계약금 기준, 재무팀은 입금 기준, 운영팀은 출하 기준으로 매출을 계산할 수 있습니다.

이처럼 '진실(기준)'이 다르면, 같은 숫자도 다른 의미로 읽히게 됩니다. 결국 보고서는 일관성을 잃고, 의사결정의 흐름은 서로 충돌하며, 결과적으로 데이터 사일로가 고착화됩니다.

단일 진실 공급원은 이런 사일로를 해소하기 위해 고안된 개념입니다. 누가 어떤 시스템에서 데이터를 불러오더라도, 결과와 의미가 하나로 일치하도록 만드는 통합 기준선을 제공합니다.

일반적으로는 단일 진실 공급원을 구현할 때 '데이터 웨어하우스DWH' '마스터 데이터 관리MDM' '중앙 통합 데이터베이스DB'와 같은 방식을 사용합니다. 데이터를 한곳에 모아 일관된 형식으로 저장·집계함으로써 데이터의 진실성을 확보하는 구조입니다.

SAP, 오라클, 스노우플레이크, 세일즈포스 등 주요 기업들 역시 단일 진실 공급원 개념을 도입하고 있으며, 대부분은 데이터를 동일하게 저장하고 조회하는 방식으로 데이터의 일관성과 신뢰성 확보에 초점을 맞추고 있습니다. 그러나 팔란티어 단일 진실 공급원은 데이터의 일관성 확보에 그치지 않고, 그 일관성을 의사결정 과정에도 부여합니다.

일반적인 단일 진실 공급원이 '하나의 진실된 데이터 소스'를 만드는 데 초점을 맞춘다면, 팔란티어의 단일 진실 공급원은 그 일관성을 의사결정 체계 전체로 확장해, '하나의 진실된 데이터 기반 의사결정'이 이루어지도록 설계되었습니다.

파운드리는 온톨로지 계층을 더해 데이터 간의 관계, 맥락, 업무 규칙을 정밀하게 정의하고 그 위에 의사결정의 경로를 설계합니다. 이로써 팔란티어의 SSOT는 단순히 동일한 데이터를 보여주는 수준이 아닌, 같은 데이터를 같은 맥락에서 해석해 일관된 의사결정에 도달하도록 설계된 해석 체계로 정립되어 있습니다.

다시 말해, 일반적 단일 진실 공급원은 "같은 데이터를 본다"라는 의미라면, 팔란티어식 단일 진실 공급원은 "같은 데이터에서 같은 해석 체계로 결정을 내린다"라는 개념으로 확장됩니다.

부서마다 제각기 다른 지도를 들고 길을 찾던 상황에서 좌표와 범례, 그리고 해석 기준이 통일된 '공통 지도'를 배포하는 셈입니다. 출발지는 달라도, 동일한 좌표 체계를 쓰는 순간 경로 선택과 도착지 해석이 하나로 정렬됩니다.

여러 시스템에서 데이터를 다루더라도, 같은 기준으로 해석된다면 결론은 하나의 진실로 수렴합니다. 팔란티어는 온톨로지를 매개로 그 단일 기준선을 기술로 구현하고, 조직의 의사결정을 그 기준선 위에서 움직이게 만듭니다.

온톨로지는 조직에 왜 필요한가

데이터가 넘치는 시대에 기업의 경쟁력은 데이터의 양이 아니라 그 데이터를 활용해 결과를 만들어내는 능력에서 갈립니다. 그러나 많은 기업이 여전히 데이터를 쌓기만 할 뿐, 그 데이터로 가치를 만들어내지 못하고 있습니다. 결국 데이터는 쌓이지만, 대부분은 부서 안에 갇혀 흐르지 못한 채 정체된 자산으로 남습니다.

온톨로지는 그 정체된 데이터에 숨을 불어넣어, 조직의 시간과 자원을 다시 정렬합니다. 활용되지 못한 데이터들을 하나의 언어로 연결하고, 무의미했던 숫자들을 실행 가능한 인사이트로 전환합니다. 데이터가 단순한 보고서가 아니라 의사결정의 언어가 되는 순간, 조직은 데이터로 즉시 결단하고 움직이는 존재로 바뀝니다.

온톨로지를 도입하는 순간, 흩어져 있던 인력·시간·예산의 흐름이 데이터와 연결되며, 조직은 새로운 질서를 갖춥니다. 수개월 걸리던 업무가 5일 만에 완료되고, 10명이 하던 일을 한 명이 끝내며, 병목의 원인이 드러나고, 새고 있던 예산이 어디서 어떻게 빠져나가고 있었는지가 명확히 드러납니다. 이 모든 변화는 단순한 효율 개선이 아니라, 데이터가 조직의 움직임을 결정하는 순간에서 비롯됩니다. 온톨로지를 도입한다는 건 기술을 도입하는 게 아니라, 조직의 질서를 새롭게 정의하는 일입니다. 데이터가 쌓이는 조직과, 데이터를 움직이는 조직의 차이는 시간이 지날수록 복리처럼 벌어집니다.

팔란티어의 파운드리는 데이터를 쌓아두는 시스템이 아니라 움직이게 만드는 시스템입니다. 이 시스템의 심장 역할을 하는 것이 바로 온톨로지입니다. 데이터가 일하지 않는 기업은, 생각 없는 몸과 같습니다. 온톨로지는 그 몸에 '뇌를 연결해주는 기술'입니다. 온톨로지를 이해하면, 팔란티어가 단순한 빅데이터 회사가 아님을 명확히 알 수 있습니다. 파운드리는 이 온톨로지를 기반으로 단순히 데이터를 보여주는 데 그치지 않고, 실행 가능한 정보로 전환시켜 의사결정을 이끌어냅니다.

바로 여기에 팔란티어의 기술적 해자가 존재합니다. 온톨로지가 방향을 잡아주면, 데이터는 더 이상 무의미하게 고여 있는 정보가 아닙니다. 필요할 때 적절한 곳으로 흘러들어가 유의미한 판단을 돕는 정보가 됩니다. 그 덕분에 업무는 훨씬 효율적이며, 의사결정은 즉각적으로 이루어집니다.

> + Summary
>
> 온톨로지는 데이터를 단순히 쌓아두는 데 그치지 않고, 의사결정으로 흐르게 바꿔주는 팔란티어 기술의 심장이다. 현실의 업무 흐름을 디지털 위에 재현하고, 필요한 정보가 업무 맥락에 맞춰 자동으로 표면화되어 의사결정을 돕는 '데이터가 나를 위해 일하는 환경'을 만들어준다.

파운드리는 BI 툴이 아니다

사람들은 종종 파운드리를 고급 BI 툴로 오해합니다. 많은 기업이 태블로, 파워 BI, 루커와 같은 BI 툴을 사용해 데이터를 시각화하고 보고서를 만듭니다. 그러나 이러한 툴들은 정보를 보기 좋게 정리할 뿐, 데이터를 실제 업무 맥락에 연결하거나 의사결정으로 전환시키는 구조를 만들어내지 못합니다.

> + BI 툴이란?
>
> BI Business Intelligence 툴은 다양한 비즈니스 데이터를 분석·시각화해, 사용자가 직접 인사이트를 도출할 수 있도록 돕는 정보 시각화 도구입니다.

이런 BI 툴의 핵심 목적은 정보 전달이며, 최종 해석과 판단은 사용자에게 전가됩니다.

◆ 주요 BI 툴 3대 브랜드

툴 이름	소속 회사	특징
태블로Tableau	세일즈포스 Salesforce	인터페이스가 직관적이며, 대시보드 및 시각화에 강점
파워 BIPower BI	마이크로소프트 Microsoft	마이크로소프트 생태계에 최적화된 시각화 도구
루커Looker	구글 클라우드 Google Cloud	데이터 탐색과 리포트 생성에 특화, SQL기반의 모델링 언어 구조

▶ 참고: 세일즈포스는 본래 '고객관계관리(CRM)' 플랫폼을 중심으로 운영되었으나, 태블로 인수를 통해 BI 시장으로 영역을 확장했습니다.

이처럼, BI 툴은 데이터 분석과 시각화하는 데 특화된 도구입니다. 하지만 정보를 보여주는 것에 머물러 있고, 의사결정까지 연결되는 실행 흐름은 만들지 못합니다.

◆ BI 툴 vs 파운드리 기능 비교

항목	BI 툴	파운드리
기능 초점	데이터를 보고 · 정리 · 추적하는 도구	데이터를 흐르게 하고, 의사결정까지 연결하는 시스템
접근 방식	사용자가 직접 분석해서 인사이트 도출	파운드리가 상황을 정의하고, 데이터를 자동으로 연결
데이터 설계 방식	고정된 테이블 중심, 수동 설정	온톨로지 기반, 조직 구조에 맞춘 유연한 모델링
경쟁 구조	툴 간 대체 가능	설계 철학 자체가 달라 대체 불가능

BI 툴은 데이터를 시각화하지만, 해석과 실행은 사용자의 몫으로 남습니다. 반면 파운드리는 데이터를 명확한 실행의 흐름으로 전환해, 조직이 빠르고 정밀한 결정을 내릴 수 있도록 지원하는 플랫폼입니다. 파운드리는 BI 툴의 범주를 넘어서는 플랫폼입니다.

BI가 데이터를 '보여주는 도구'라면, 파운드리는 데이터를 협업·시뮬레이션·워크플로우·권한통제·의사결정으로 연결하는 통합 운영체계입니다.

이러한 이유로 파운드리의 경쟁자는 태블로나 파워 BI가 아닙니다. BI가 데이터를 보여주는 데 그친다면, 파운드리는 그 데이터를 실행 가능한 행동으로 전환하는 엔진입니다.

3 아폴로: SaaS 전환을 설계한 결정적 인프라

아폴로Apollo는 팔란티어 플랫폼을 다양한 환경에 자동으로 배포하고, 실시간으로 제어하는 소프트웨어 운영·배포 플랫폼입니다.

아폴로는 정부, 군, 민간 등 수많은 이기종 시스템Heterogeneous System(기술 스택, 운영체제, 네트워크, 보안 체계가 각기 다른 복잡한 인프라)을 다루기 때문에, 일반적인 배포 플랫폼보다 훨씬 더 범용적이고 복원력 높은 시스템으로 평가받습니다.

일반적인 소프트웨어는 업데이트나 관리 작업을 위해 시스템을 일시적으로 중단해야 합니다. 하지만 아폴로는 다릅니다. 실행 중에도 작동을 멈추지 않고 백그라운드에서 자동으로 설치와 갱신이 이루어지며, 오류나 문제 발생 시에도 별도의 개입 없이 자동 복구가 가능합니다. 이러한 구조 덕분에 병원, 군사 작전, 국가기관처럼 단 1초의 중단도 허용되지 않는 환경에서도 신뢰를 얻고 있습니다.

과거의 소프트웨어 배포는 시스템을 멈추고, 정해진 일정에 맞춰 한 번에 진행되는 일회성 절차였습니다. 아폴로는 배포를 더 이상 일회성 작업이 아닌, 상시 자동으로 이루어지는 프로세스로 바꾸어놓았습니다. 이제 소프트웨어는 작동을 멈추지 않은 채, 백그라운드에서 실시간으로 설치되고 갱신됩니다.

이러한 변화는 단순한 업데이트 효율화 수준을 넘어섭니다. 다운타임 없는 배포가 만들어낸 변화는 소프트웨어를 전략적 무기로 전환시키는 혁신입니다. 이 변화는 다음의 경쟁 우위를 만듭니다.

- 신속성: 업데이트가 즉시 반영되어 작전·금융·공급망 등 초민감 환경에서 우위 제공
- 지속성: 다운타임 제거로 전장과 국가 안보 현장에서 시스템 연속성 확보

소프트웨어가 무기처럼 작동하려면 멈추지 않아야 합니다. 아폴로는 바로 그 흐름을 가능하게 만든 구조입니다.

왜 이것이 중요한가: 시스템 중단은 곧 리스크다

심장 수술 중 환자의 상태를 보여주는 모니터가 단 1초라도 멈춘다면, 그 1초가 생명과 직결됩니다. 군사 작전 중 드론 정찰 화면이 정지되는 순간, 판단은 지연되고 타격 기회는 사라집니다. 이처럼 멈출 수 없는 환경에서는 시스템 중단 자체가 곧 리스크입니다.

그러나 대부분의 소프트웨어는 업데이트나 유지보수를 위해 시스템을 일시적으로 정지한 뒤 재시작하는 과정을 거쳐야 합니다. 사용자 유무나 서버 상태와 관계없이, '업데이트 = 작동을 멈추는 일'이라는 전제가 기본입니다.

하지만 병원, 군사, 정부기관처럼 단 1초도 멈춰선 안 되는 이른바 '미션 크리티컬 환경'에서는 그 전제가 통하지 않습니다. 이 환경에서는 '나중에 설치하겠다' '업데이트 후 다시 켜겠다'는 선택지가 존재하지 않습니다.

시스템은 작동을 멈추지 않으면서도, 동시에 최신 상태를 유지해야 합니다. 아폴로는 바로 이 문제를 정면으로 해결합니다. 멈추지 않고도 스스로를 갱신할 수 있는 구조는 미션 크리티컬 환경에서 신뢰를 구축하는 핵심 조건입니다.

작동을 멈추지 않고, 스스로를 복구하는 구조

아폴로는 시스템을 중단하지 않은 채 백그라운드에서 실시간으로 소프트웨어를 설치하고 업데이트합니다. 모든 과정은 자동으로 진행되며, 운영자 개입 없이도 시스템이 최신 상태를 유지하도록 설계되어 있습니다. 뿐만 아니라, 운영 중 문제가 발생하더라도 아폴로는 재부팅 없이 오류를 감지하고 복구 절차를 즉시 실행합니다.

예를 들어, 소프트웨어 설치 중 오류가 발생하면 이전의 안정된 버전으로 되돌아가는 '롤백Rollback'을 수행합니다. 운영자의 개입 없이도 배포 오류를 감지하고, 문제가 발생한 노드를 분리한 뒤, 사전 정의된 정책에 따라 시스템을 가장 안정적인 상태로 되돌리는 로직을 실행합니다. 사용자 입장에서는 작업이 계속되는 동안, 문제는 이미 조용히 해결된 셈입니다.

이처럼 아폴로는 배포의 영역을 넘어, 운영 방식 자체를 재정의한 플랫폼으로 평가받고 있습니다. 시스템은 사용 중단 없이 실시간으로 최신 상태를 유지하며, 문제가 발생해도 스스로 복구합니다.

팔란티어는 이러한 구조를 단순한 자동화 수준으로 설명하지 않고 "항상 작동하며, 스스로 최적화되는 상태"라고 정의합니다. 아폴로는 바로 이 철학이 실체화된 기술입니다.

어떤 환경에서도 작동한다

팔란티어의 공식 웹사이트에서는 아폴로를 이렇게 설명합니다.

"아폴로는 전 세계 어떤 환경에서도 보유한 소프트웨어를 안전하고 자율적으로 배포할 수 있도록 지원합니다."

– 팔란티어 아폴로 솔루션 개요

실제로 아폴로는 인터넷 연결이 없거나 극도로 제한된 환경에서도 안정적인 작동을 보장합니다. 클라우드, 온프레미스, 사내망, 폐쇄망은 물론, 해상·잠수함·외부 네트워크와 단절된 데이터센터와 같은 엣지Edge 환경에 이르기까지 어떠한 환경에서도 소프트웨어의 배포·운영·유지보수가 모두 가능합니다.

운영 인프라는 크게 세 가지 방식으로 나뉩니다.

- 클라우드Cloud: 인터넷에 연결된 외부 서버를 임대해 사용하는 방식입니다. 데이터를 온라인 저장소에 올려두고 언제 어디서나 접근할 수 있는 구조로 AWS, Azure 등의 플랫폼을 통해 운영됩니다. 스타트업이나 민간 기업이 빠르게 시스템을 구축할 때 주로 활용합니다.
- 온프레미스On-premise: 기업 내부의 사내 서버에서 소프트웨어를 직

접 설치·운영하는 방식입니다. 클라우드처럼 인터넷에 의존하지 않고, 네트워크와 데이터가 모두 조직 내부에서 통제됩니다. 대기업, 금융기관, 공공기관 등에서 주로 사용됩니다.

- 폐쇄망Air-gapped: 외부 인터넷과 물리적으로 완전히 차단된 네트워크 환경으로, 해킹이나 정보 유출을 원천적으로 차단할 수 있습니다. 국가 안보와 직결된 정부기관, 군사 기지, 기반 시설에서 활용됩니다.

대부분의 기업용 소프트웨어Enterprise Software는 클라우드 연결을 전제로 설계됩니다. SAP, 세일즈포스 CRM, 오라클Oracle ERP 등 회계·고객관리·공급망 시스템은 정기적인 인터넷 접속과 서버 동기화를 필요로 하기 때문에 네트워크 제약이 있는 환경에서는 정상적인 운영이 어렵습니다. 특히 SaaSSoftware as a Service(구독형 서비스) 기반 소프트웨어는 이러한 한계를 기술적으로 극복하기 어렵습니다.

이 지점에서 아폴로의 가치가 드러납니다. 아폴로는 네트워크 환경에 구애받지 않고 배포와 운영이 모두 가능한 시스템을 갖추고 있습니다. 단순한 유연성을 넘어서, 어떤 조건에서도 끊김 없이 작동하는 기술을 구현한 것입니다.

덕분에 아폴로는 해상, 군사 기지, 우주 통신 기반처럼 네트워크 접속이 불가능한 공간에서도 동일한 수준의 배포, 업데이트, 복구 능력을 제공합니다. 이것이 바로 팔란티어가 아폴로를 '운영의 한계를 없앤 기술'이라 부르는 이유입니다.

통합된 중앙 통제 방식

일반적인 소프트웨어 운영은 부서별, 장비별로 각각 설정하고 업데이트하는 방식입니다. 그러나 조직 규모가 커질수록 이 같은 분산 운영은 통제의 일관성을 무너뜨리고 시스템 전반의 비효율로 이어집니다.

아폴로는 제약 조건 기반 배포Constraint-based Deployment를 통해 이 문제를 해결합니다. 예를 들어, '야간 시간대에만 업데이트 실행' '특정 부서에만 데이터 수정 권한 부여'와 같은 배포 규칙을 사전에 정의하면, 수백 개의 시스템에 해당 조건을 중앙에서 일괄 적용할 수 있습니다.

이로써 보안, 버전, 권한 관리가 일관되게 유지되며, 조직 규모가 커져도 운영이 불필요하게 복잡해지지 않습니다. 이처럼 아폴로는 규모에 관계없이 일관되고 효율적인 운영을 가능하게 하는 통합 제어 플랫폼입니다.

SaaS 전환의 기술 기반

기존의 팔란티어 소프트웨어는 주로 정부 기관을 대상으로 온프레미스(설치형) 방식으로 제공되었습니다. FDE Forward Deployed Engineer가 직접 현장에 투입되어 고객의 환경에 맞춰 설치와 운영을 지원했기 때문에, 보안성과 맞춤형 운용에는 유리했지만 설치에 많은 시간과 비용이 들고, 서버 관리와 유지보수의 책임이 모두 고객에게 있다는 한계가 있었습니다.

이러한 제약은 민간 시장 확대에 있어 결정적인 걸림돌이었습니다. 민간 기업들은 빠른 도입, 낮은 비용, 간편한 운영을 중시했기 때문입니다.

팔란티어는 이러한 시장 수요에 대응해 자사 플랫폼을 SaaS 형태로 전환했습니다. SaaS는 소프트웨어를 별도의 설치 없이 인터넷을 통해 바로 구독해 사용할 수 있는 모델로, 기업의 진입 장벽을 크게 낮추고 초기 비용과 관리 부담을 줄이는 데 효과적입니다.

아폴로는 바로 이 SaaS 전환을 기술적으로 가능하게 만든 핵심 엔진입니다. 아폴로 덕분에 파운드리와 AIP처럼 복잡한 시스템도 고객이 직접 설치하거나 관리할 필요 없이 인터넷만 연결되면 즉시 사용할 수 있는 구독형 서비스로 전환될 수 있었습니다.

SaaS 전환이 민간 기업에 주는 이점은 다음과 같습니다.

- 초기 투자 비용 절감: 별도의 서버 구매나 전담 IT 인력 없이 즉시 사용 가능
- 신속한 도입: 시스템 구축 기간이 몇 개월에서 며칠 수준으로 단축
- 간편한 유지보수: 주요 업데이트와 시스템 관리를 팔란티어가 중앙에서 자동으로 수행
- 유연한 확장성: 사용자 수나 기업 규모 증가에도 클라우드로 탄력 대응
- 접근성 강화: 인터넷만 있으면 언제 어디서나 접속 가능

이러한 이점은 소프트웨어 도입에 대한 기업들의 부담을 획기적으로 낮춰주었고, 팔란티어가 정부 중심의 제한된 시장에서 민간 중심의 확장된 시장으로 진입하는 데 결정적인 기반이 되었습니다. 이제 팔란티어는 소수의 정부 고객에 국한되지 않고, 수많은 민간 기업들이 손쉽게 접근할 수 있는 플랫폼으로 자리 잡았습니다.

아폴로는 단순한 기술이 아닌, 팔란티어 비즈니스 모델의 전환점을 만든 게임체인저였습니다. 고비용·고난도의 설치형 구조를 구독형 SaaS 모델로 바꾸며 운영의 패러다임을 전환시킨 핵심 기술 인프라였습니다.

아폴로가 연결한 것은 단순한 시스템이 아니라, 완전히 새로운 시장이었습니다.

아폴로는 팔란티어의 문을 정부를 넘어

수천 개 기업의 사무실까지 활짝 열어준 마스터키였다.

4 AIP: 실행까지 이어지는 AI 운영 플랫폼

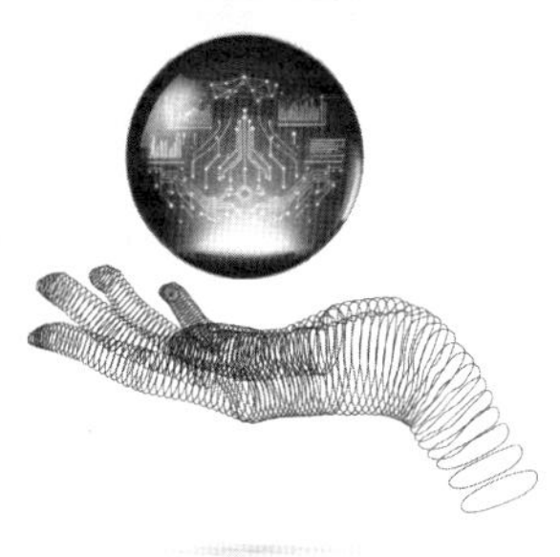

AI 시대, 하지만 왜 중요한 일은 아직도 사람이 할까?

AI 시대, 인공지능은 이제 대부분의 산업에 도입되었습니다. 챗봇이 고객을 응대하고, 이메일을 정리하며, 마케팅 문구를 제안합니다. 하지만 대부분의 조직에서는 전략 수립, 핵심 의사결정, 복잡한 운영 판단처럼 진짜 중요한 일에는 아직 투입되지 못하고 있습니다. 그 이유는 무엇일까요?

기술이 부족해서가 아닙니다. AI는 조직 내부의 기밀 데이터에 접근할 수 없고, 고유한 맥락과 의도를 해석하지 못하며, 무엇보다 분석 이후 실행까지 책임지는 구조가 아니기 때문입니다.

대부분의 AI는 예측까지만 가능합니다. 예를 들어, AI가 "이 고객은 이탈할 가능성이 높다"고 분석하더라도, 그 분석을 바탕으로 실제로 혜택을 제공하거나 영업팀에 조치를 지시하는 실행 흐름까지 연결되지는 않습니다. 결국 현재의 AI는 결정을 내리는 존재가 아니라, 결정 전에 도움만 주는 조언자 수준에 머무르고 있습니다.

"AI를 실제 운영에 투입할 수 있는가?" 팔란티어의 AIP는 이 질문에 정면으로 답한 플랫폼입니다. 예측에 그치지 않고, 실제로 '일하는 AI'라는 새로운 모델을 제시했습니다.

AIP는 어떤 시스템인가

팔란티어의 AIP Artificial Intelligence Platform는 실시간 데이터 기반으로 의사결정과 실행을 자동화할 수 있도록 설계된 팔란티어의 AI 운영 플랫폼입니다.

이 시스템은 단순히 AI 기능을 추가한 것이 아니라, 조직의 의사결정 방식을 AI 중심으로 재구성한 플랫폼입니다. 팔란티어는 AIP를 다음과 같이 정의합니다.

"AIP는 전 세계의 핵심 기업 및 정부 환경에서 실시간으로 AI 기반 의사결정을 가능하게 하는 플랫폼입니다."

– 팔란티어 테크놀로지 공식 페이지

기존 BI 툴은 데이터를 보기 좋게 정리하는 수준이었고, 파운드리는 그 데이터를 흐르게 해 의사결정까지 연결했습니다.

AIP는 한 단계 더 나아가, AI가 스스로 결정을 제안하고 사용자의 승인만으로 실행까지 이어지도록 설계되었습니다.

AIP는 기존 플랫폼과 무엇이 다른가

팔란티어의 기존 플랫폼들은 복잡한 데이터를 통합·분석·시각화해, 최적의 선택지를 보여주는 것까지는 도달했습니다. 하지만 실질적인 판단과 실행은 여전히 사람의 몫이었습니다.

AIP는 AI가 분석과 제안을 하고, 사용자의 검토·승인을 거쳐 실행까지 이어가는 단계에 진입한 것입니다.

파운드리가 데이터를 통합하고 맥락화해 사람이 실행 가능한 인사이트를 도출하도록 돕는 플랫폼이었다면, AIP는 AI가 그 인사이트를 기반으로 판단하고 실행까지 연결하는 운영형 AI 플랫폼입니다.

기술적으로 설명하자면, AIP는 파운드리의 기능·툴체인과 직접 통합된 구조입니다. 즉, 독자적인 모듈이 아니라 파운드리 위에 통합된 상위 레이어로 이해할 수 있습니다.

여기에 탑재된 LLMLarge Language Model(대형 언어 모델) 기반 AI 에이전트가 실시간으로 상황을 분석하고, 가능한 대응 시나리오를 생성해 가장 적절한 조치를 제안합니다. 그리고 사용자가 승인하면, 해당 조치는 사전에 설정된 워크플로우에 따라 즉시 실행됩니다.

예를 들어, "공급이 2주 지연된다면 어떤 고객에게 영향을 줄까?" "수요가 급증할 지역은 어디일까?"와 같은 질문에 대해 AI는 다양한 상황을 시뮬레이션한 후, "대체 공급망으로 전환할 것을 권고합니다"라는 식의 구체적인 행동을 제안합니다. 사용자가 이 제안을 승인하면, AIP는 사전에 설정된 워크플로우를 트리거해 실제 조치가 실행되도록 연결합니다.

기존 플랫폼이 상황을 브리핑했다면, AIP의 AI는 그 상황을 지휘합니다.

파운드리와 AIP의 본질적 차이

많은 사람들이 파운드리와 AIP를 같은 성격의 '의사결정 플랫폼'으로 받아들입니다. 두 플랫폼 모두 '의사결정 지원'이라는 범주로 설명되기 때문입니다.

하지만 의사결정 '지원'과 '실행'은 본질적으로 다른 개념입니다. 이 차이를 정확히 이해해야 AIP의 진정한 혁신이 보입니다.

파운드리는 방대한 데이터를 정리하고, 다양한 시나리오를 구성해 가장 합리적인 선택지를 도출하는 데 강점을 지닌 플랫폼입니다. 최적의 의사결정을 돕지만, 최종 판단의 주체는 사용자이며, 판단 이후의 실행은 사용자에 의해 개별적으로 이루어집니다.

반면, AIP는 AI가 데이터를 기반으로 판단해 제안을 생성하고, 사용자가 제안을 승인하면, 그 결정은 즉시 실행 단계로 전환되도록 설계되었습니다.

이 차이를 보다 직관적으로 이해하려면, 병원 시스템에 비유해보는 것이 효과적입니다.

파운드리는 '정보 통합형 어시스턴트'입니다

- 환자의 검사 결과, 진료 기록, 처방 이력을 정리해
- 의사가 상황을 정확히 파악하고
- 어떤 조치를 취할지 최적의 판단을 할 수 있도록 돕습니다.

하지만 최종 판단과 실행은 의료진의 몫입니다. 반면 AIP는 '실행까지 주도하는 AI 동료'입니다.

- AI가 환자의 데이터를 분석해 진단과 대응 시나리오를 먼저 제안합니다.
- "응급 조치가 필요합니다. 지금 시행하시겠습니까?"
  → 의료진은 승인하거나 수정만 합니다.
- 이후 조치는 자동화된 시스템을 통해 즉시 실행단계로 전환됩니다.

AIP의 실행 기능이 중요한 이유

과거에는 중요한 결정을 사람이 직접 내리는 구조가 더 효과적이었습니다. 하지만 지금은 환경이 완전히 달라졌습니다.

- 데이터는 기하급수적으로 증가하고,
- 의사결정은 더 복잡해졌으며,
- 실행은 훨씬 빠른 속도로 요구됩니다.

이런 환경에서 의사결정을 사람이 도맡는 구조는 병목을 초래합니다.

+ 병목현상(Bottleneck)이란?

전체 프로세스 중 가장 느린 단계가 전체 속도를 지연시키는 구조를 뜻합니다. 업무에서는 '이사결정 대기 시간'이 대표적인 병목입니다.

AIP는 이 병목을 제거하는 구조입니다. AI가 실시간으로 판단하고 실행을 주도하며, 사람은 승인만 담당하므로 의사결정의 속도와 정확도가 비약적으로 향상됩니다.

AI 열풍 속, 실전에 채택된 기술 AIP

팔란티어 내부 플랫폼과 AIP의 차이를 짚어보았다면, 이제는 비교의 범위를 넓혀볼 차례입니다. "AIP는 시장의 다른 AI들과 무엇이 근본적으로 다를까?" 지금까지 등장한 대부분의 AI는 실제 업무 현장에서는 제대로 활용되지 못하고 있습니다. 반면, AIP는 군사, 의료, 에너지 분야처럼 복잡성과 리스크가 극단적으로 높은 산업 환경에 이미 실전 적용되고 있습니다. 이 현격한 차이는 어디서 비롯된 걸까요?

겉보기에 비슷해 보일 수 있지만, 기존의 AI 및 LLM 기반 시스템 대부분은 현실의 업무 환경에 깊이 투입되기 어렵습니다. 다음의 세 가지 근본적인 제약이 있기 때문입니다.

- 보안 문제: 기존 AI는 인터넷 기반 공개 데이터로만 학습되어, 기밀 정보나 내부 시스템과는 분리되어 있습니다.
- 실행 단절: 기존 AI는 운영 시스템과 연결되지 않아 예측 단계에서 멈추며, 핵심 업무의 실행 단계에는 개입할 수 없습니다.
- 도메인 통합 불가: 기존 AI는 조직의 운영 규칙, 절차, 책임 체계와 연결되지 않아 핵심 업무 흐름(공급망, 리스크 관리, 운영 전략)에 직접 개입할 수 없습니다. 이 때문에 활용 범위가 고객 상담·자동 회신 같은 주변 업무에만 국한되는 경우가 대부분입니다.

AIP, 기존 AI와 본질적으로 다른 다섯 가지 이유

"AIP는 조직의 고유 데이터를 첨단 LLM과 결합해 계획을 수립하고, 정제하고, 실행할 수 있도록 지원합니다. 이 모든 과정은 인간의 개입 아래 이루어집니다."

– 팔란티어 테크놀로지 AIP 소개 페이지

대부분의 AI는 예측 결과를 보여주는 데 그칩니다. 하지만 AIP는 다릅니다. AIP는 실제 조직의 업무 흐름에 깊숙이 개입해, 의사결정 → 실행 → 피드백으로 이어지는 전 과정을 자동화하는 실행형 AIExecutable AI를 시향합니다.

실제로 AIP는 실제 업무 현장에서 그 기능을 입증해내고 있습니다. 특히, 고난도의 의사결정과 실시간 대응이 요구되는 산업 분야에서 그 성과가 두드러집니다.

AIP가 복잡한 통제 체계와 고위험 요소가 얽힌 산업 환경속에서도 실전 운용이 가능한 이유는, 기존 AI가 넘지 못했던 기술적 한계를 근본적으로 돌파했기 때문입니다.

그렇다면 AIP는 어떻게 '실제로 일하는 AI'가 될 수 있었을까요? 지금부터 그 결정적인 다섯 가지 이유를 살펴보겠습니다.

(1) 내부 데이터와 LLM의 안전한 연결

대부분의 LLM은 인터넷 기반의 오픈 데이터만을 활용합니다. ChatGPT, Claude, Gemini 등 대표적인 LLM 역시 모두 공개 웹 데이터를 기반으로 학습된 모델입니다.

하지만 실제 업무에서 핵심적인 의사결정은 기업 내부 시스템과 기밀 데이터를 기반으로 이루어집니다. 이 단절된 구조는 기존 AI의 가장 본질적인 한계입니다.

대부분의 AI가 이러한 데이터를 활용하지 못하는 이유는 명확합니다. ERP, 고객 DB, 재무 시스템 등 민감한 기업 내부 정보는 외부와 단절된 폐쇄망에 존재하며, 보안상 외부 LLM이 직접 접근하는 것은 사실상 불가능합니다.

일부 기업은 API나 플러그인을 통해 내부 데이터를 LLM과 연동하려 시도하지만, 정보 유출 위험과 통제 불가능성 때문에 민감한 데이터까지 연결하는 경우는 극히 드뭅니다. 또한, 기존 AI는 정보를 단편적으로 해석할 수는 있어도, 기업의 업무 흐름과 맥락 속에서 데이터를 판단하거나 연결하는 데 한계가 있습니다. 내부 시스템이 가진 구조와 온톨로지 기반 맥락을 이해하지 못하기 때문입니다. 이러한 한계 속에서 기존 AI는 정보는 많지만 정작 가장 중요한 정보에는 접근할 수 없는 제약에 갇혀 있습니다.

AIP는 이 지점을 정확히 파고들었습니다. LLM이 민감한 내부 데이터를 외부로 노출하지 않고, 보안 통제된 환경 안에서 안전하게 활용할 수 있도록 설계된 아키텍처를 보유하고 있기 때문입니다.

파운드리와 통합된 상태에서 작동하는 AIP는 기업의 내부 데이터와 업무 시스템이 위치한 환경 안에서 보안과 권한이 통제된 방식으로 LLM의 추론을 활용하도록 설계되었습니다. 덕분에 AI가 사내 시스템과 데이터를 실제 업무 흐름에 연동해 작동할 수 있고, '데이터는 많은데 AI는 쓸 수 없는' 현장의 딜레마를 정면에서 돌파하고 있는 셈입니다.

(2) AI를 투명하게 통제하는 거버넌스 체계

AIP의 또 다른 차별점은 AI의 의사결정 과정을 조직 차원에서 투명하게 통제할 수 있다는 점입니다.

- 누가 어떤 데이터·모델에 접근할 수 있는지를 역할·권한 단위로 세밀하게 설정하고
- 실제로 누가 언제 어떤 정보에 접근했고, AI가 어떤 근거로 어떤 제안을 생성했는지를 감사 로그로 기록합니다.

이처럼 접근 권한과 사용 이력을 사전에 관리하고, 의사결정 흐름을 추적할 수 있는 체계를 거버넌스Governance라고 부릅니다. AIP는 'AI가 제안하더라도 그 결정의 책임과 근거는 여전히 인간이 관리해야 한다'는 원칙을 기술에 내재화한 체계입니다. 또한, AI가 허용된 정책과 규칙을 벗어나지 않도록 가드레일Guardrails을 두어 오작동이나 오판 가능성을 사전에 차단합니다.

AIP는 의사결정 이전뿐 아니라, 실행 이후의 결과까지 전 과정을 추적합니다. 이처럼 실행의 모든 흐름을 기록할 수 있다는 점이 AIP를 완성하는 마지막 퍼즐입니다.

기존 AI는 대부분 단순한 권고 수준의 제안만 제공하며, 실제 조치가 이행되었는지 혹은 어떤 결과가 발생했는지에 대한 기록이 남지 않

습니다. 반면 AIP는 제안된 결정과 실행 여부, 그리고 그 결과까지 자동으로 기록해 시스템에 보존합니다.

예를 들어, AIP가 "타격을 승인하라"는 제안을 하고 사용자가 이를 최종 승인했다면:

- 그 제안이 어떤 정보에 기반했는지
- 어떤 요인들이 의사결정에 반영되었는지
- 실행 이후 어떤 결과가 발생했는지

→ 이 모든 기록이 시스템에 고스란히 남습니다.

즉, AI가 실행한 조치와 그 결과가 시스템에 다시 입력write-back되어, 그 데이터가 다음 의사결정의 입력으로 순환되는 피드백 루프Feedback Loop를 완성합니다.

이 같은 거버넌스 체계는 GDPR을 비롯한 각국의 AI 규제 프레임워크와의 정합성 측면에서도 중요한 의미를 가지며, AI의 활용을 법적·정책적으로도 안정적으로 뒷받침하는 기반이 됩니다. 따라서, 기밀 정보의 유출 위험 없이 AI를 안전하고 투명하게 운용할 수 있는 환경이 마련됩니다. 이러한 보안성과 투명성을 바탕으로, AIP는 이미 국방·정보기관·병원·에너지 분야 등 가장 민감하고 복잡한 환경에서 실전 투입되고 있습니다.

(3) 폐쇄루프 자동화Closed-Loop Automation

AIP는 데이터 분석과 실행, 그리고 결과 학습의 과정을 하나의 루프Loop로 연결해 자동화하도록 설계되어 있습니다.

제어공학에서 정의하는 폐쇄루프가 완전한 자동화를 의미한다면, AIP는 그 과정에 인간의 승인을 포함해 안전성과 통제 가능성을 함께 확보했습니다.

팔란티어의 폐쇄루프는 단순한 반복 학습이 아니라, 의사결정이 실행으로 이어지고 그 결과가 다시 데이터로 기록Write-back되어 플랫폼이 스스로 학습하며 지능을 고도화해나가는 '운용형 자동화' 구조입니다.

> *+ 폐쇄 루프(Closed Loop)란?*
>
> '**분석 → 실행 → 결과 기록 → 재분석**'의 사이클이 시스템 내부에서 자동으로 순환하며, 결과가 다시 입력되어 플랫폼이 스스로 정밀도를 높여가는 자기강화형 구조를 의미합니다.

예를 들어, 에너지 기업에서 전력 수요가 급증했을 때 AIP는 실시간 데이터를 분석해 즉시 발전량을 조정하거나 예비 발전소 가동을 제안합니다. 그 후 안정화 소요 시간, 에너지 손실률 등 성과 데이터를 자동으로 수집해 실행 효과를 평가하고, 이 결과가 다음 상황에서 더 정교한 의사결정으로 발전합니다.

이처럼 데이터 분석 → 실행 조치 → 결과 평가 → 전략 조정의 사이클이 하나의 시스템 내에서 반복되며, AIP는 실행할수록 더 정밀해지고, 더 민첩하게 반응할 수 있습니다. 다만 실행 단계에서는 반드시 사람의 승인을 거치는 구조를 유지해 안전성과 통제력을 확보합니다.

AIP의 폐쇄루프는 데이터를 반복시키는 구조가 아니라, 의사결정을 진화시키는 메커니즘입니다. 실행이 거듭될수록 플랫폼은 더 정교해지고, 결국 전략적 통찰까지 학습하는 차원으로 확장됩니다.

(4) 실행 직전, 반드시 사람의 승인을 거친다

AIP는 분석부터 실행까지의 흐름을 자동화 수준으로 연결할 수 있도록 설계된 고도화된 시스템입니다. 그러나 이러한 강력한 실행력은 오히려 불안을 자극할 수도 있습니다.

"AI가 판단을 내리고 실행까지 한다면, 정말 안전할까?"

AIP는 이 질문에 명확한 설계 원칙으로 답합니다. 실행 직전 반드시 사람의 승인을 거쳐야 하며, 이러한 구조를 Human-in-the-loop^HITL^라고 합니다.

팔란티어는 AI를 인간을 대체하는 기술이 아니라, 인간의 판단력·속도·정확성을 증강^Augment^하는 기술이라 강조합니다. 최종 승인권을 인간에게 남겨두는 구조 자체가, 팔란티어의 기술 철학을 구현한 방식으로 볼 수 있습니다.

이 원칙은 시스템 전반에 일관되게 반영되어 있으며, 그 외에도 AIP는 다음과 같은 이중 통제 장치를 함께 적용합니다.

- 권한 설정: 누가 어떤 데이터를 사용할 수 있는지를 사전에 명확히 지정합니다.
- 감사 로그: AI가 어떤 정보를 기반으로 어떤 실행을 제안했고, 누가 언제 승인했는지를 전 과정에 걸쳐 기록해 모든 의사결정의 흐름을 사후에 투명하게 검토할 수 있습니다.

AIP는 실행 능력만 갖춘 AI가 아닙니다. 실행을 철저히 통제 가능한 방식으로 수행하도록 설계되었습니다.

AI가 실행을 제안할 수 있지만, 최종 결정의 책임은 언제나 사람에게 남습니다. 이러한 설계 덕분에, 조직은 AIP의 뛰어난 자동화 성능을 최대한 활용하면서도 예측 불가능한 실행, 권한 남용, 무책임한 결과로부터 스스로를 보호할 수 있습니다.

결과적으로 AIP는 강력한 실행력과 철저한 통제력을 겸비한 신뢰 가능한 AI 운영 파트너입니다.

(5) 엔드투엔드: 단일 업무에서 전체 흐름으로

기존 AI 시스템은 하나의 작업에만 특화되어 있습니다. 예를 들어,

문서를 분석하거나 고객 문의에 자동 응답하거나 수요를 예측하는 등 개별 업무를 독립적으로 수행합니다. 이 기능들은 각각 유용하지만 서로 연결되지 않아 전체 업무의 흐름을 자동화하지는 못합니다.

기존 AI는 업무의 맥락이나 순서를 인식하지 못한 채, 단일 작업 단위로만 움직이는 '포인트 솔루션Point Solution'의 형태였습니다.

+ 포인트 솔루션

포인트 솔루션은 특정 문제나 단일 기능만 해결하도록 설계된 개별 시스템으로, 조직 전체의 흐름을 통합하지 못한 채 단일 과제 중심의 부분적 해결 방식을 의미합니다.

- 문서 처리 AI는 계약서의 내용을 추출하지만, 승인·회계 시스템으로 연결되지 않습니다.
- 수요 예측 모델은 판매량을 예측하지만, 생산계획·공급망 조정으로 이어지지 않습니다.
- 보안 탐지 시스템은 이상 거래를 식별하지만, 즉각적인 차단이나 내부 보고로 자동 연계되지 않습니다.

이런 단일 기능형 시스템들은 모두 포인트 솔루션의 전형적인 형태입니다.

반면 AIP는 업무 흐름 전체를 따라 처음부터 끝까지 하나의 연결된 과정으로 작동하도록 '엔드투엔드End-to-End'로 설계되어 있습니다. 데이터 수집 → 맥락 기반 해석 → 실행 → 결과 피드백 → 재학습에 이르는 전 과정을 하나의 일관된 흐름으로 통합하는 방식입니다. 단순히 기능을 결합한 것이 아니라, 처음부터 통합 자동화를 전제로 설계된 구조입니다.

◆ 포인트 솔루션과 AIP 비교표

구분	포인트 솔루션	AIP
적용 범위	단일 기능(Task) 또는 프로세스 단계에 국한	조직 전체의 엔드투엔드(End-to-End) 통합 운영
데이터 흐름	독립된 데이터 파이프라인 또는 개별 모델로 작동	통합·맥락화된 데이터 (온톨로지 기반)
의사결정 연계	결과가 다음 단계로 자동 전달되지 않음	의사결정 - 실행 - 피드백 루프(Feedback Loop)까지 연결
확장성	특정 상황·도메인에만 적합	거버넌스·보안 체계와 함께 도메인 확장 가능
결과적 문제	중복 구축, 데이터 단절, 협업 비효율 발생	단일 플랫폼 내 자동화된 협업 체계 구축

즉, AIP는 분리된 기능을 연결한 플랫폼이 아니라, 하나의 지능형 운영체계로 설계된 기술입니다

AIP, 지금 팔란티어 주가를 움직이는 모멘텀

"우리는 AI 시대의 현대 기업을 위한 운영체계를 제공하고 있다."

– 알렉스 카프, 팔란티어 2025년 1분기 실적 발표 자료, 2025. 5. 5. 미국증권위원회 파일링 별첨 99.1

수많은 AI 기업이 자동화를 말하지만, 실제로 운영 전반을 AI가 주도하는 체계를 완성한 사례는 AIP가 처음입니다. 팔란티어는 수많은 기업이 추구하던 이 고도화된 운영 모델을 가장 먼저, 그리고 가장 정교하게 현실화한 기업입니다. AIP는 단순한 기술적 진보가 아닙니다. AI가 업무 흐름 전체를 통합하고, 실행 이후의 결과까지 스스로 학습하며 개선하는 새로운 운영 패러다임을 제시합니다.

생성형 AI 열풍 속에서도 수많은 AI 기업들이 실적과 기술 사이에서 신뢰를 얻지 못한 채 흔들릴 때, AIP는 고난도 업무 환경에 투입되어 실제로 운용되고 있는 모델입니다. 그리고 지금 시장은 이 실행되는 기술에 반응하고 있습니다. 팔란티어에 부여되는 이 프리미엄은 단순한 미래 기대가 아니라, 지금 이 순간 실제로 작동 중인 기술력에 대한 보상입니다.

AIP는 지금, 팔란티어 주가를 견인하는 핵심 서사이며, AI 산업 전체의 방향성을 바꾸는 결정적 전환점으로 자리 잡고 있습니다.

5 FDE: 현장을 설계하는 전략 엔지니어

일반적으로 팔란티어의 경쟁력은 온톨로지 중심으로 설명되지만, 실제로 기술적 차별화를 이끄는 또 하나의 핵심 동력은 FDE Forward Deployed Engineer 모델입니다.

FDE는 팔란티어의 고유한 직무 모델로, 고객의 현장에 직접 투입되어 문제를 정의하고 기술적 구조를 설계해 해법으로 전환하는 현장 배치 엔지니어입니다.

이들은 고객사와 밀착형 컨설팅을 통해 각 조직의 인프라와 보안 환경에 맞는 맞춤형 솔루션을 설계합니다. 이 맞춤형 설계 철학이, 팔란티어를 표준화된 SaaS 모델과 구별 짓는 결정적 차이입니다.

FDE는 고객 조직의 중심부로 들어가 운영 환경을 면밀히 분석합니다. 고객의 사무실과 운영 현장에 수개월간 상주하며 데이터가 어디에 흩어져 있는지, 어떤 절차가 병목을 일으키는지, 실제 의사결정이 어떤 흐름으로 이루어지는지를 직접 관찰합니다. 그 과정에서 팔란티어의 플랫폼을 현장의 운영 구조에 맞게 조정하고 복잡한 절차를 데이터 기반 체계로 재설계합니다.

이들은 코드를 작성하는 동시에 회의에 참여하며, 사용자의 피드백을 즉시 반영해 시스템의 작동 방식을 끊임없이 개선하고 운영 변화가 시스템 전체에 미치는 영향을 시뮬레이션함으로써, 현실과 기술의 간극을 최소화합니다. 이 모든 과정은 일회성 개발이 아니라, 조직의 운영 방식을 데이터가 이해할 수 있는 구조로 끊임없이 번역해나가는 지속적 조율 과정입니다.

팔란티어는 조직의 병목과 비효율이 코드 안이 아니라, 사람과 절차가 맞물리는 현장에서 발생한다고 보고 FDE를 투입합니다. FDE는 이러한 현실적 맥락 속에서 문제의 본질을 파악하고, 기술이 개입할 수 있는 형태로 조직의 구조를 재구성하는 역할을 맡습니다. 복잡하고 중대한 임무 환경에서는 현장을 깊이 이해하지 않고서는 결코 실효성 있는 해법을 만들 수 없기 때문입니다.

초기에는 이 직무가 'Echo'와 'Delta'라는 코드명으로 불렸습니다.

'Echo'는 사람과의 커뮤니케이션에 능한 엔지니어, 'Delta'는 시스템과의 대화에 능한 엔지니어를 의미했습니다. 뱅크오브아메리카BoA의 애널리스트들은 온톨로지 아키텍처와 FDE의 현장 중심 전략이 팔란티어의 "비밀 소스Secret Sauce"라고 발언하며, 팔란티어의 핵심 경쟁력임을 강조했습니다.

AIP 도입 이후, AI FDE가 데이터 통합과 애플리케이션 구축 전 과정을 자동화하며 FDE는 이제 전략적 문제 정의와 운영 구조 최적화에 집중하게 되었습니다.

팔란티어 CTO 샴 생커Shyam Sankar는 2025년 3분기 실적 발표에서 "한 고객사에서는 단 두 명의 인력이 AI FDE를 활용하여, 과거 수백 명의 SI가 2년 걸리던 데이터 이전 작업을 단 5일 만에 완료했다"고 밝혔습니다.

이러한 AI FDE와 인간 FDE의 분업 구조는 팔란티어의 기술적 생산성과 운영 효율을 동시에 끌어올린 핵심 메커니즘으로 평가됩니다. 알렉스 카프는 팔란티어가 단순한 소프트웨어 공급자가 아닌, 고객의 운영 현장에 직접 들어가 구조를 바꾸는 회사라고 강조해왔습니다. 그리고 그 철학이 구체적으로 구현되는 방식이 바로 FDE입니다.

팔란티어의 정체성을 설명하는 언어가 온톨로지라면, 그 철학을 현실로 옮기는 손끝은 FDE입니다.

6 스노우플레이크·데이터브릭스 vs 팔란티어

데이터 산업을 논할 때, 팔란티어는 종종 스노우플레이크Snowflake나 데이터브릭스Databricks와 같은 범주로 묶입니다. '제2의 팔란티어' '데이터 인프라 3대장' '데이터 플랫폼 삼국지' 같은 표현이 자연스럽게 등장할 정도로, 세 기업은 하나의 산업군으로 인식되고 있습니다.

그러나 이 비교는 서로 다른 층위를 동일선상에 놓는 해석의 오류를 포함하고 있습니다. 세 기업은 모두 데이터를 다루지만, 데이터를 '어디에서' '어떻게' 다루는가의 단계가 근본적으로 다릅니다.

스노우플레이크는 데이터를 저장·정리하는 '창고Warehouse', 데이터브릭스는 데이터를 분석·예측하는 '실험실Lab', 팔란티어는 그 결과를 실제 업무와 의사결정에 연결하는 '운영 체계Operating System'에 가깝습니다. 즉, 같은 데이터 생태계 안에 있지만 서로 다른 레이어에서 작동하는 기업들입니다.

팔란티어를 단순히 데이터 회사 중 하나로 분류하는 순간, 팔란티어의 핵심 가치이자 본질인, 데이터를 실행으로 전환하는 기업이라는 점을 보지 못하게 됩니다.

앞서 언급한 세 기업은 모두 데이터라는 공통 분모를 갖고 있지만, 그 접근 방식과 기술적 층위는 확연히 다릅니다. 이 차이를 명확히 이해할 때, 팔란티어를 그들과 같은 축에서 비교하는 것이 왜 '프레임의 오류'인지, 그리고 투자자들이 어떤 관점으로 해석해야 하는지가 분명해집니다.

세 데이터 플랫폼의 역할과 차이

세 기업은 모두 '데이터'를 다루지만, 저장·분석·실행이라는 서로 다른 층위에서 역할을 수행합니다. 다음 비교표는 그 차이를 한눈에 정리한 것입니다.

◆ 스노우플레이크·데이터브릭스·팔란티어 비교표

구분	스노우플레이크	데이터브릭스	팔란티어 (파운드리 / AIP)
플랫폼 포지션	데이터 웨어하우스 (저장·조회 인프라)	데이터 레이크하우스 (저장+분석 통합형)	운영체제형 플랫폼
핵심 역할	통합 저장·쿼리·공유	정제·분석·모델링 (ML/AI)	의사결정 지원·운영 실행·결과 환류
사용 방식	SQL(쿼리) 중심	코드 중심 (PySpark/ Python 등)	인터페이스 중심 (온톨로지 모델링·워크플로우 기반)
주 사용자	데이터 엔지니어·BI 분석가	데이터 엔지니어·데이터 과학자	현업 실무자·운영 관리자·경영진

(1) 스노우플레이크 – 데이터 저장과 공유의 표준

스노우플레이크는 말 그대로 '데이터 창고Data Warehouse'의 개념에 가장 충실한 플랫폼입니다.

조직 안팎에 흩어진 데이터를 한곳에 통합 저장하고, SQL 기반 쿼리로 쉽게 조회하고 공유할 수 있습니다.

확장성이 뛰어나 방대한 데이터를 안정적으로 관리할 수 있으며, 데이터 거버넌스를 통합해 신뢰할 수 있는 단일 진실 공급원Single Source of Truth을 제공합니다.

주 사용자는 BI 분석가와 데이터 엔지니어로, 데이터를 보관하고 조회하며 시각화하는 역할에 집중합니다.

다만 스노우플레이크는 분석·모델링·업무 실행 단계로의 확장성은 제한적이기 때문에, 데이터를 보으고 보여주는 인프라 레벨의 기반 플랫폼으로 보는 것이 정확합니다.

(2) 데이터브릭스 – 데이터 분석과 모델링의 실험실

데이터브릭스는 '데이터 레이크Lake'의 개방성과 '데이터 웨어하우스'의 일관성을 결합해 진화한 데이터 레이크하우스Lakehouse 플랫폼입니다. 정제·분석·모델링(ML/AI) 전 과정을 코드 기반 환경에서 자유롭게 다룰 수 있다는 점이 핵심입니다.

데이터 엔지니어와 데이터 과학자들은 PySpark나 Python 같은 언어를 활용해 데이터를 정제하고 분석하며, 예측 모델을 구축합니다. 이 과정에서 머신러닝 파이프라인을 학습·배포하며, 반복적인 실험을 통해 모델의 정밀도를 높입니다. 따라서 데이터브릭스는 데이터를 이해하고 예측하는 '실험실'에 가깝습니다. 스노우플레이크가 만든 '데이터 창고'를 기반으로, 데이터를 분석 가능한 형태로 재가공하고 새로운 통찰을 도출합니다.

다만 비기술 사용자를 위한 인터페이스나 운영 자동화 기능은 아직 제한적인 편입니다.

(3) 팔란티어Foundry / AIP– 실행과 환류까지 완결하는 운영체제형 플랫폼

팔란티어는 데이터를 실제 업무에 연결하는 운영 레벨Execution Layer을 담당합니다.

파운드리는 온톨로지를 기반으로 데이터·규칙·업무를 모델링하고, 비기술 사용자도 활용할 수 있는 no/low-code 시각적 인터페이스를 통해 업무 시나리오를 직접 실행하고 추적할 수 있도록 설계되었습니다. 여기에 AIP가 결합되면, 승인-집행-결과-환류가 자동으로 이어지는 폐쇄 루프Closed Loop 실행 체계가 완성됩니다.

즉, 팔란티어는 데이터를 현실을 움직이는 언어로 전환하는 운영체제형 플랫폼입니다. 주 사용자는 현업 실무자·운영 관리자·경영진 등으로, 코드를 직접 다루지 않아도 데이터 기반 의사결정을 실시간으로 수행할 수 있습니다. 개발자 중심의 자유도보다 일관성·보안·현업 적용성을 우선시하는 설계 철학이 팔란티어의 가장 큰 차별점이자 경쟁력입니다.

팔란티어는 스노우플레이크와 데이터브릭스를 대체할 수 있을까

많은 투자자들이 한 가지 의문을 가집니다. "팔란티어가 저장도 하고 분석도 한다면, 스노우플레이크나 데이터브릭스는 더 이상 필요 없는 것 아닐까?"

실제로 파운드리는 데이터 통합부터 정제·분석·시각화·협업까지 포괄하며, 스노우플레이크의 '저장'과 데이터브릭스의 '분석·모델링' 기능을 모두 수행할 수 있습니다.

즉, 구조적으로 보면 데이터 창고·분석 툴·운영 인터페이스를 아우르는 엔드투엔드 데이터 운영체제로 설계되어 있습니다. 파운드리는 온보딩부터 분석까지의 전 과정을 하나의 흐름으로 구성할 수 있고, 여기에 AIP가 결합되면 AI의 판단이 사람의 승인 하에 실행 단계까지 이어지는 운영 루프가 완성됩니다.

이처럼 팔란티어는 "데이터 플랫폼 + 분석 플랫폼 + 운영 플랫폼"을 수직으로 통합한 구조로, 스노우플레이크나 데이터브릭스의 기능을 포괄하면서도 그 위에서 작동하는 운영형 OS에 가깝습니다.

그러나 '기능을 포함한다'는 사실이 곧 '완전한 대체'를 의미하지는 않습니다. 팔란티어의 저장·분석 기능은 독립형 제품으로 확장·운영되도록 설계된 것이 아니라, 의사결정과 실행을 위한 보조 모듈로 통합되어 있습니다.

따라서 스노우플레이크처럼 대규모 데이터를 장기적으로 저장·관리하는 데 최적화되어 있지 않고, 데이터브릭스처럼 모델 학습·배포 과정에서 자유도를 제공하지도 않습니다. 각 기능은 운영을 위한 구성 요소로 설계되었기 때문에, 저장·분석의 세부 영역에서 두 플랫폼의 전문성을 완전히 대체할 수는 없습니다.

예를 들어, 스노우플레이크는 여러 기업이 자사 데이터를 업로드하고 SQL 기반으로 조회하며, 다른 분석 도구와 연동해 생태계를 확장할 수 있는 데이터 인프라 역할을 합니다. 데이터브릭스는 모델 학습과 배포에 특화된 개발자 중심 플랫폼으로, 사용자가 직접 코드를 작성하고 파이프라인을 설계하는 높은 자유도를 제공합니다.

반면 팔란티어는 확장성보다 일관성·보안·현업 적용성을 우선시하며, 코드 작성의 자유도보다는 운영 효율과 통제된 실행 구조에 초점을 맞춥니다.

즉, 저장과 분석이 핵심기능이 아니라 수단이며, 팔란티어의 본질은 데이터를 실제 업무의 흐름으로 연결해 의사결정이 실행으로 이어지게 하는 운영체제에 있습니다.

따라서 팔란티어는 스노우플레이크와 데이터브릭스를 대체한다기보다, 두 플랫폼의 기능을 일부 포괄하면서도 그 위에서 데이터를 의사결정과 실행으로 전환하는 적용 단계Operational Layer의 상위 플랫폼으로 볼 수 있습니다.

사용자의 차이가 결정하는 플랫폼의 방향

세 기업의 차이는 '누가, 어떤 방식으로 데이터를 다루는가'에서 가장 뚜렷하게 드러납니다.

스노우플레이크와 데이터브릭스는 기술 전문가 중심의 플랫폼입니다. 스노우플레이크에서는 BI 분석가가 SQL 쿼리로 데이터를 조회·시각화하고, 데이터브릭스에서는 데이터 과학자와 엔지니어가 코드를 기반으로 모델을 설계하고 실험합니다.

즉, 데이터를 가공하고 다루는 사람들을 위한 환경이며, 데이터를 현실과 분리된 분석의 대상으로 간주합니다. 반면 팔란티어의 파운드리·AIP는 데이터를 활용하는 사람들을 위한 플랫폼입니다. 비개발자라도 온톨로지 기반 인터페이스를 통해 복잡한 코드를 다루지 않고 업무 시나리오를 설계·수정·집행할 수 있습니다.

예를 들어, 공급망 담당자는 실시간 데이터를 바탕으로 발주 정책을 조정하고, 관리자는 AIP의 자동화 기능을 통해 승인-실행-환류 과정을 실시간으로 제어할 수 있습니다.

팔란티어의 사용자는 데이터를 분석하는 사람이 아니라, 데이터를 실질적인 의사결정과 실행으로 연결하는 사람입니다. 데이터가 실제 업무로 이어지는 이 '현업 적용성'이야말로 팔란티어의 핵심 가치이자 본질적 차별점입니다.

데이터 활용 방식의 차이를 보여주는 예시

세 플랫폼의 역할은 예시로 볼 때 가장 명확하게 드러납니다. 예를 들어, 리테일 산업의 수요·재고 관리 사례를 보겠습니다.

- 스노우플레이크는 각 매장의 판매·재고 데이터를 통합 저장해, 신뢰할 수 있는 단일 조회 환경을 제공합니다.
- 데이터브릭스는 그 데이터를 기반으로 수요 예측 모델을 학습하고 배포합니다.
- 팔란티어 파운드리·AIP는 예측 결과를 실제 발주 단계로 연결하고, 물류와 진열 정책까지 자동으로 실행하며, 승인 내역과 결과 데이터를 다시 시스템에 환류시킵니다.

결국 스노우플레이크와 데이터브릭스가 분석 단계에서 역할을 마친다면, 팔란티어는 그 결과를 실행과 환류까지 연결하는 플랫폼입니다. 데이터를 실제 의사결정의 흐름으로 전환하는 이 구조가, 팔란티어를 단순한 분석 플랫폼이 아닌 '운영체제'로 구분 짓습니다.

경쟁이 아닌, 기능으로 구분된 협력 체계

투자자들은 종종 세 기업을 경쟁 구도 안에 놓지만, 실제 시장의 구조를 보면 이야기는 다릅니다. 세 기업은 같은 생태계 안에서 서로 다른 단계를 담당합니다.

스노우플레이크는 데이터를 안정적으로 보관하고 공유하는 기반, 데이터브릭스는 데이터를 분석·모델링해 예측으로 확장하는 허브, 팔란티어는 그 결과를 실제 의사결정과 실행으로 연결하는 운영 플랫폼입니다. 결국 이 셋은 경쟁자가 아니라, 데이터가 저장-분석-실행으로 이어지는 하나의 가치사슬Value Chain 속에서 공생하는 관계입니다.

그중 팔란티어는 이 사슬의 최종 단계를 담당하며, 데이터를 '정보'로 머무르게 하지 않고 조직의 행동으로 전환시키는 운영 플랫폼으로 자리 잡았습니다.

시장에서도 이러한 인식은 뚜렷합니다. AI 산업의 주요 분석가들은 세 기업이 경쟁 관계가 아닌, '저장-분석-실행'으로 이어지는 수직적 협업 구조를 형성하고 있다고 평가합니다.

이 관계는 실제 기업 현장에서도 그대로 드러납니다. 스노우플레이크가 안전한 데이터 저장소를 제공하고, 데이터브릭스가 그 데이터를 기반으로 학습 모델을 구축하면, 팔란티어는 AIP를 통해 실시간 운영에 연결합니다.

2025년 10월 발표된 스노우플레이크와 팔란티어 간 전략적 파트너십 역시, 이 관계가 단순한 해석이 아니라 시장에서 검증된 협력 모델임을 확인시켜줍니다. 스노우플레이크 측은 두 플랫폼의 결합이 고객이 지능형 앱을 더 쉽게 배포하고 가치를 빠르게 실현하도록 돕는 "자연스러운 조합"이라 밝혔으며, 팔란티어 측은 "최고 수준의 상호운용성은 고객의 승리를 의미한다"고 언급했습니다.

팔란티어는 데이터브릭스와도 기술적 파트너십을 맺고, 데이터브릭스 Lakehouse에서 개발된 AI 모델을 AIP 환경에서 운영·배포할 수 있도록 연동을 지원하는 협력 계획을 2025년 Databricks Data + AI Summit에서 공식 발표했습니다.

결과적으로 세 기업은 '데이터 산업'이라는 같은 범주 안에 있지만, 서로를 대체하기보다 서로의 완성도를 높이는 파트너십 구조에 가깝습니다.

그중 팔란티어는 데이터를 의사결정의 언어로 번역해 실행하는 운영 레이어, 즉 저장-분석-실행으로 이어지는 이 생태계의 마지막 연결점을 담당합니다.

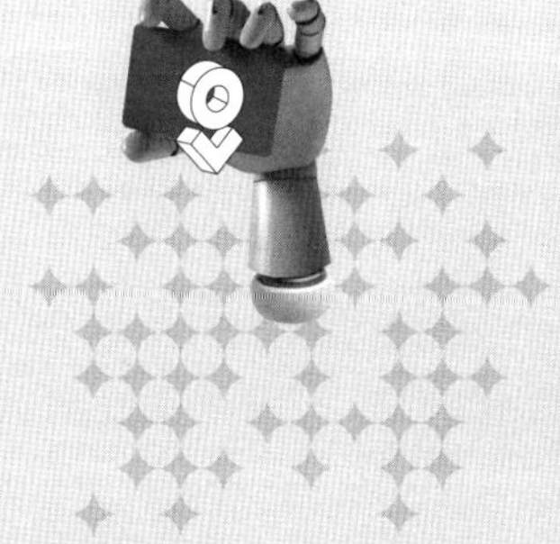

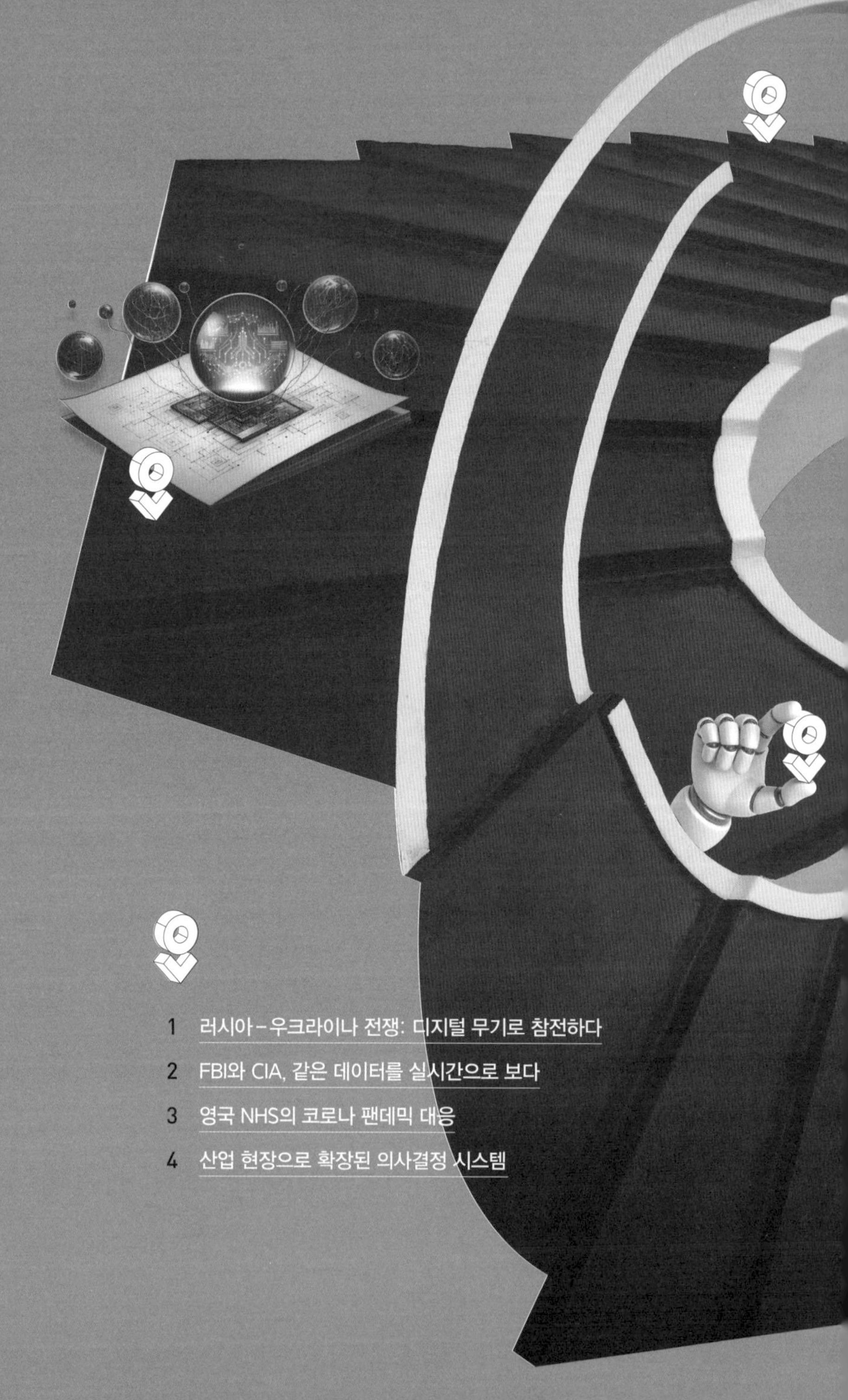

1 러시아-우크라이나 전쟁: 디지털 무기로 참전하다

2 FBI와 CIA, 같은 데이터를 실시간으로 보다

3 영국 NHS의 코로나 팬데믹 대응

4 산업 현장으로 확장된 의사결정 시스템

chapter 4

팔란티어 실제 활용 사례

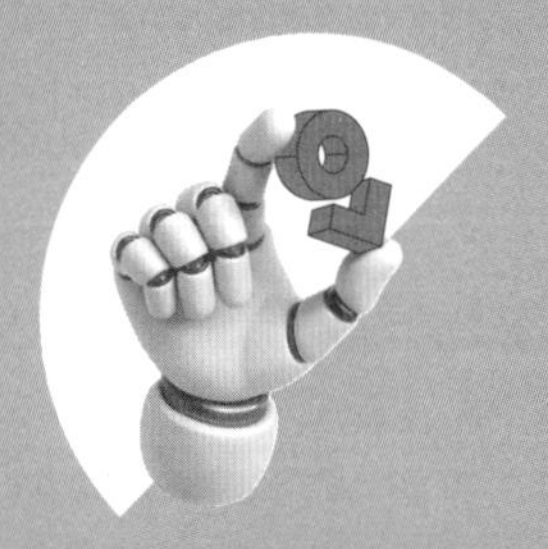

기술의 가치는 설계도가 아니라, 현장에서 증명됩니다.

그렇다면 이 정교한 시스템은 실제 현장에서 어떻게 작동할까요?

팔란티어의 플랫폼은 전장에서 드론 타격 지점을 정밀하게 지정하고, 병원의 진료 흐름을 재구성하며, 정보기관 간 실시간 공조를 가능하게 합니다. 이 기술은 더 이상 설계도 위의 아이디어가 아니라, 이미 전장과 의료, 정보기관에서 가치를 입증하며 실질적인 변화를 만들어내고 있습니다. 팔란티어의 기술은 단편적인 설명만으로는 그 가치를 온전히 드러내기 어렵습니다. 팔란티어를 이해하는 가장 확실한 방법은, 이 기술이 까다로운 현장에서 어떤 방식으로 활용되며 어떤 변화를 만들어내고 있는지를 직접 확인하는 데 있습니다. 팔란티어의 플랫폼이 도입된 조직은 눈에 띄게 달라집니다. 업무 처리 속도가 현격히 개선되고, 반복되던 수작업은 줄어들며, 조직 곳곳에 쌓여 있던 병목도 해소됩니다. 같은 인력, 같은 데이터를 사용하더라도 이전과는 전혀 다른 수준의 성과가 만들어집니다.

이제부터 팔란티어의 기술이 실전에서 어떻게 구체적으로 활용되고 있는지 살펴보겠습니다.

1
러시아-우크라이나 전쟁: 디지털 무기로 참전하다

2022년 2월, 러시아가 우크라이나를 침공하며 전쟁이 본격화되었습니다. 러시아는 수일 내에 키이우를 점령하고 정권을 교체할 계획이었고, 병력과 자원 면에서도 우크라이나보다 압도적인 우위를 점하고 있었습니다.

하지만 전쟁은 예상을 벗어났습니다. 우크라이나는 수도 방어에 성공했을 뿐 아니라 하르키우, 헤르손 등지에서 반격에 나섰고, 지금까지도 전선을 견고하게 지켜내고 있습니다.

이 전쟁에서 팔란티어는 기술을 무상으로 제공하며 작전에 투입되었습니다. 정찰, 분석, 자원 배치, 작전 의사결정까지 연결되는 통합 시스템을 실전에 적용한 것입니다.

알렉스 카프는 「타임」과 「워싱턴포스트」 등과의 인터뷰에서 팔란티어 소프트웨어가 우크라이나 전장에서 "대부분의 타겟팅을 담당하고 있다"고 밝힌 바 있습니다. 또한 우크라이나 디지털전환부 장관 미하일로 페도로프는 2023년 5월 보도자료에서 "팔란티어가 이미 도구와 인텔리전스를 공유하며 우크라이나의 승리를 향해 기여하고 있다"고 언급했습니다. 이 발언들은 팔란티어의 기술이 실제 작전 수행에 실질적으로 기여했음을 시사합니다.

팔란티어는 위성 정찰부터 전황 분석, 자원 배치에 이르기까지 작전의 여러 단계에 특화된 기술을 적용해 전장의 흐름 전체를 정밀하게 연결했습니다. 메타컨스틸레이션MetaConstellation은 위성과 드론에서 수집된 데이터를 통합·분석해 실시간 전황을 시각화했고, 가이아Gaia는 병력 배치와 지형 정보를 3D로 구현해 지휘관이 전황을 직관적으로 파악할 수 있도록 지원했습니다.

고담은 단순한 정보 분석 툴이 아니라, 전장의 통합 작전 플랫폼으로 활용되었습니다. 전황이 변할 때마다 각 부대와 본부는 자원을 어디에 투입할지, 어떤 지역을 우선 방어할지를 동시다발적으로 결정하고 실시간으로 공유할 수 있었습니다. 이 구조는 '데이터 기반 전장'이라는 개념을 새로운 기준으로 정착시켰습니다.

고담은 위성·드론 영상, 통신 레이더 정보, 민간 제보 앱 등에서 수집된 데이터를 통합 분석하고 시각화해, 지휘관이 전황을 실시간으로 조망할 수 있도록 지원했습니다.

기존의 전투 체계에서는 목표 탐지, 분석, 승인, 타격 단계가 분절되어 있어, 결정이 행동으로 이어지기까지 시간이 오래 걸렸습니다. 고담은 탐지된 데이터를 즉시 분석해 표적의 우선순위를 산출한 뒤, 승인 절차를 거친 목표 정보를 전투부대에 신속히 전달해 명령이 지체 없이 실행되도록 연결했습니다.

이러한 메커니즘이 전장의 '킬 체인Kill Chain'을 단축시킨 결정적 요인이 되었습니다. 킬체인은 탐지 → 식별 → 추적→ 타격→ 평가로 이어지는 전투 사이클을 말합니다. 고담은 이 과정을 하나의 데이터 루프 안에서 연계해 탐지에서 타격까지의 시간을 획기적으로 단축했습니다.

파운드리는 난민 재정착 데이터를 관리하기 위해 영국 정부가 운영한 '홈즈 포 우크라이나Homes for Ukraine' 프로그램의 핵심 플랫폼으로 사용되었으며, 우크라이나 정부의 전쟁 피해 분석과 재건 업무(복구 및 인프라 재설계 등)를 지원하는 공식 데이터 분석 플랫폼으로 채택되었습니다. 팔란티어의 플랫폼이 전쟁에서 수행한 역할은 다음과 같습니다.

- 드론 타격 지점 설정: 적군의 위치를 실시간 추적해 타격 우선순위를 산정

- 군수 물자 배치: 병력 분포와 지형 조건을 반영해 탄약·식량·의약품의 보급 경로 지원
- 지뢰 제거 우선순위: 위성·드론 기반 지형 이미지를 분석해 제거 순서와 접근 경로를 구체화
- 실시간 시뮬레이션: 전장을 3D로 시각화하고, 지휘관이 작전 현황을 입체적으로 파악하며 즉각적인 전략 수립이 가능하도록 지원

팔란티어의 기술은 단순히 데이터를 분석하는 수준이 아니라, 자원의 흐름과 생존 전략까지 총괄한 전장의 실질적 허브 역할을 했습니다.

러시아-우크라이나 전쟁은 팔란티어가 20년에 걸쳐 설계해온 기술 아키텍처가 처음으로 전장 전반에 적용되어 실전 검증된 사례였습니다. 팔란티어의 온톨로지 구조와 AI 워크플로우, 폐쇄망 기반 협업 시스템은 극도의 불확실성과 즉시성이 요구되는 환경에서도 안정적으로 작동함을 입증하며 기술력을 실질적으로 증명했습니다.

팔란티어는 이러한 실전 검증을 통해 기술 신뢰도를 비약적으로 끌어올렸고, 이후 NATO와 미 국방부를 비롯한 주요 방위기관들이 팔란티어의 플랫폼을 전략 인프라로 채택하는 계기를 마련했습니다.

2
FBI와 CIA, 같은 데이터를 실시간으로 보다

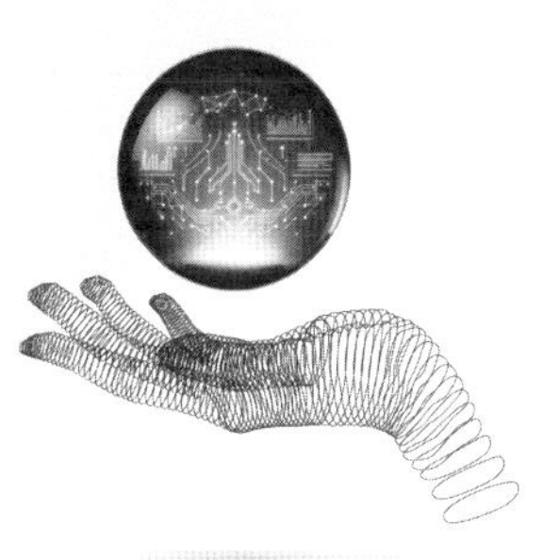

정보는 넘쳤지만, 연결은 없었다

과거 FBI와 CIA는 각각 방대한 데이터를 보유하고 있었지만, 그 데이터는 서로 다른 시스템에 저장된 채 고립되어 있었습니다. 기관 간 정보 공유는 전달 수준에 그쳤고, 동일한 데이터를 기반으로 의사결정할 수 있는 구조는 존재하지 않았습니다.

이 단절된 구조를 바꾼 것이 바로 팔란티어의 고담입니다. 고담은 정보기관 내부의 데이터 사일로를 해체하고, 흩어져 있던 정보를 하나의 통합 체계로 연결했습니다. FBI와 CIA는 처음으로 같은 화면에서, 실시간으로 정보를 함께 확인하고 조율할 수 있는 체계를 갖추게 되었고, 이 플랫폼은 단순한 기술 도입이 아닌 의사결정 구조의 재설계를 의미했습니다.

고담 도입을 기점으로, 정보기관 간 실시간 공조 수사 체계를 처음으로 갖추게 되었고, 협업 방식도 수직적 지시·보고 체계에서 수평적 동시 판단 구조로 전환되었습니다.

◆ **팔란티어 도입 전후 비교**

구분	도입 이전	도입 이후
데이터 구조	기관별로 분리된 저장 방식	온톨로지 기반의 통합 데이터 구조
업무 흐름	부서별 독립적 판단 후 협조 요청	실시간 데이터 공유 기반의 동시 협업 체계
수사 방식	정황 수집 → 단서 확보 → 사후 추적	패턴 기반의 예측 중심 분석
협업 방식	수직적 지시 및 보고 체계	수평적 실시간 협업 구조
대응 속도	정보 전달 지연과 수동적 대응	실시간 의사결정 및 선제적 개입

팔란티어의 고담은 서로 다른 무전기를 들고 있던 FBI와 CIA를 하나의 주파수로 응답하게 만든 정보작전의 통신 허브였다.

주요 활용 사례 분석

(1) 오사마 빈 라덴 제거 작전

이 사례는 팔란티어가 극도의 위험 속에서도 의사결정 정밀도를 증명한 순간으로 평가됩니다. 실제로, 미국 정보기관 역사상 가장 높은 수준의 정밀성과 기밀성이 요구되었던 작전 중 하나였습니다.

2011년, 미군 특수부대는 파키스탄 아보타바드의 한 고립된 건물을 포위했습니다. 하지만 작전 개시 직전까지도, 미국 대통령을 포함한 핵심 인사들조차 그 건물 안에 빈 라덴이 실제로 있을 가능성을 약 50%로 평가할 만큼 불확실성이 컸습니다.

바로 그 시점에서, 결정적 역할을 한 것이 바로 팔란티어의 고담이었습니다. 고담은 CIA, NSA, FBI 등 다양한 기관이 수집한 정형·비정형 데이터를 하나로 통합해 건물 내 인물의 동선·생활 패턴·과거 위성사진 분석 결과 등의 정보를 하나의 연속된 정보 흐름으로 연결했습니다. 통합된 정보를 바탕으로, 그곳이 단순한 은신처가 아닌 빈 라덴의 핵심 거점이라는 가능성을 점점 좁혀갔습니다.

이처럼 고담은 단순한 정보 통합 도구가 아니라, 불확실한 정보 조각들 사이에서 의미 있는 인과관계를 읽어내는 의사결정 시스템으로서 역할을 했습니다.

작전 개시 여부를 최종 결정하는 순간에도 신뢰의 기준은 사람의 직감이 아닌, 데이터로 연결된 정보 체계였습니다.

이 작전은 팔란티어가 국가 안보의 결정 순간을 기술로 설계한 첫 사례이자, 기술이 전략 자산으로 받아들여진 전환점이었습니다.

(2) 하이메 자파타 요원 피살 사건Operation Fallen Hero

2011년, 멕시코에서 마약 카르텔의 매복 공격으로 ICE 소속 하이메 자파타 요원이 피살되었습니다. 이 사건은 국경을 넘나드는 마약 조직, 무기 밀수, 자금 흐름 등이 얽힌 복잡한 수사였고, FBI, DEA, DHS 등 여러 기관이 동시에 개입해야 했습니다.

팔란티어의 고담은 대량의 통신 이력·차량 이동 기록·은닉 자금 흐름 같은 비정형 데이터를 통합해 수사 단서들을 정교하게 연결했고, 용의자 추적과 공조 수사의 효율을 크게 높였습니다. 특히 차량 위치 정보와 휴대폰 신호 기록을 교차 분석해, 사건 당일 용의자들의 이동 경로를 정밀하게 복원했습니다. 관계자들은 기존 방식이라면 수개월이 걸렸을 분석 과정이 팔란티어의 플랫폼으로 며칠 단위로 단축되었다고 평가했습니다.

이 정보는 멕시코와 미국 양국의 기관들이 동시에 수색망을 좁혀나가는 데 결정적인 단서가 되었습니다. 결국 공조 작전을 통해 핵심 용의자들을 체포하는 데 성공했습니다.

이 사건은 팔란티어가 단일 기관이 아닌, 여러 정부기관 간 실시간 협업 시스템으로 활용될 수 있다는 점을 입증한 계기로 평가됩니다. 이후 미 정부기관들과의 계약 확대에도 결정적인 계기가 되었습니다.

(3) CIA의 테러 사전 감지 시스템

CIA는 테러가 발생하기 전, 반복되는 행동 패턴이 있다는 점에 주목했습니다. 실제로 유사한 전조 신호들이 여러 차례 포착되었지만, 문제는 이 조각들이 서로 다른 기관과 시스템에 흩어져 있어 실시간 대응은 물론, 사후 분석조차 쉽지 않았다는 데 있었습니다.

CIA는 팔란티어의 고담을 활용해 출입국 기록·항공 예약 정보·금융 거래·암호화 메신저·SNS 활동 등 다양한 비정형 데이터를 통합했습니다. 이 흩어진 정보를 하나의 흐름으로 연결함으로써, 의심스러운 행동 패턴을 조기에 감지하고 잠재적 테러를 사전에 차단하는 체계를 구축했습니다.

예를 들어, 특정 인물이

- 단기간 내 중동 국가를 반복적으로 방문하고
- 대규모 현금을 인출하며
- 고보안 메신저를 사용하고
- 극단주의 관련 키워드 검색이 급증하는 경우

각 정보는 따로 보면 평범하지만 팔란티어는 이를 하나의 위험 시퀀스로 식별해, 사건 발생 이전 단계에서 이미 감시와 대응이 가능하도록 지원했습니다.

이제 팔란티어는 흩어진 정보 조각을 맞추는 퍼즐일 뿐 아니라, 위험을 먼저 포착하는 레이더 역할도 수행하고 있습니다.

팔란티어가 만든 실시간 공조 체계

이처럼 FBI와 CIA는 팔란티어를 통해 단순한 정보 전달 수준의 협업에서 실시간 공동 의사결정 체계로 전환하는 데 성공했습니다. 고담은 각 기관의 '두뇌'를 하나의 회로처럼 연결해, 분절된 의사결정 구조를 하나의 흐름으로 정렬했습니다. 덕분에 두 기관은 각자의 정보만 보던 기존 방식을 벗어나 같은 데이터를 동시에 분석하고, 실시간으로 공동 대응하는 공조 수사 체계를 갖추게 되었습니다.

국가 안보의 성패를 좌우하는 것은 정보의 양이 아니라, 실시간으로 공유된 정보를 바탕으로 신속한 결정을 내릴 수 있는 체계입니다. 팔란티어는 단순히 데이터를 연결한 것이 아니라, 국가 대응의 타이밍을 재설계한 기술이었습니다.

3 영국 NHS의 코로나 팬데믹 대응

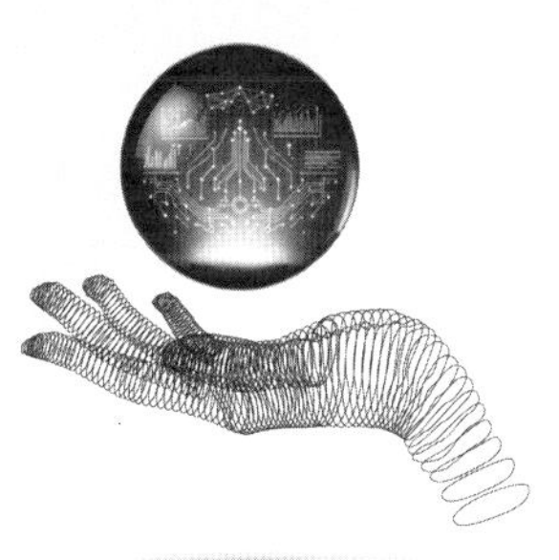

병원이 아닌, 국가가 움직였다

코로나 팬데믹은 개별 병원이 각자 알아서 대응할 수 있는 문제가 아니었습니다. 확진자 수, 병상 가동률, 인공호흡기 수요 같은 핵심 정보들이 전국 단위로 연결되고, 그 데이터를 바탕으로 어디에 자원을 먼저 투입할지를 실시간으로 결정할 수 있는 중앙 통제 시스템이 절실했습니다.

그러나 당시의 현실은 달랐습니다. 병원별로 데이터가 흩어져 있었고, 국가 차원의 종합적인 상황 파악은 사실상 불가능했습니다. 이 한계를 해결하기 위해 영국 보건당국NHS은 팔란티어의 파운드리 플랫폼을 도입했습니다.

파운드리는 전국 병원의 데이터를 통합하고, 의료 현황을 한눈에 파악할 수 있는 실시간 대시보드를 구축했습니다. 그 결과, 정부는 어느 지역이 가장 위급한지, 어떤 장비와 인력이 부족한지를 데이터 기반으로 파악하고 전략적으로 대응할 수 있게 되었습니다.

파운드리는 단순히 의료 데이터를 연결한 것이 아니라, 팬데믹이라는 위기 속에서 국가가 생존을 위한 결정을 내릴 수 있는 시스템을 제공했습니다.

병상 및 자원 관리: 전국 의료 데이터의 실시간 통합

팬데믹 초기, NHS가 직면한 가장 큰 과제는 '속도'였습니다. 확진자는 기하급수적으로 늘어났지만, 병상 배정과 장비 분배는 여전히 수기 보고서, 엑셀 파일, 이메일, 전화 보고 등에 의존한 채 운영되고 있었습니다. 정보는 늦게 모였고, 의사결정은 더 늦게 내려졌습니다. 각 병원은 자신들의 제한된 데이터를 바탕으로 제각각 대응할 수밖에 없었고, 국가

의료 체계는 서로 연결되지 않은 부품처럼 작동했습니다.

한편, 위기 상황은 시시각각 변했고 병원마다 기준은 달랐으며, 중앙 정책과 현장 실행 간의 간극은 점점 커졌습니다. 그 사이 의료 자원은 현장의 속도를 따라갈 수 없게 되었습니다.

이 구조를 바꾼 것이 바로 팔란티어의 파운드리였습니다. 병상 가용 현황·의료 인력·장비·백신 재고 등 핵심 데이터를 자동으로 수집한 뒤, 이를 하나의 대시보드에서 실시간으로 시각화했습니다. NHS는 각 병원의 독립된 대응 구조에서 국가 전체가 하나의 두뇌처럼 움직이는 체계로 전환할 수 있게 되었습니다.

파운드리는 단순한 병상 분배를 넘어, 팬데믹의 혼란을 실시간으로 제어한 국가 위기 대응의 관제탑이었습니다.

백신 접종 프로그램 지원

영국 보건당국은 백신 접종 과정에서도 파운드리를 적극 활용했습니다. 백신 공급량, 접종 대상자 우선순위, 지역별 접종률 등 주요 데이터를 실시간으로 분석하고 최적의 접종 계획을 수립함으로써, 2021년 2월까지 약 1,500만 명에게 1차 접종을 완료할 수 있었습니다.

당시 영국은 세계에서 가장 빠르게 백신을 접종한 국가 중 하나로 평가받았으며, 이러한 성과는 데이터 분석과 전략적 배분을 실시간으로 현장과 연결하는 정교한 시스템이 있었기에 가능했습니다.

파운드리는 접종 우선순위 결정과 의료 자원 배치를 정밀하게 조율할 수 있도록 설계되었으며, 팬데믹 상황 속에서도 예측과 현장 실행 사이의 시차를 최소화하는 데 결정적인 역할을 수행했습니다.

PPE 분배: 데이터로 움직인 의료 자원

팬데믹 초기, 가장 시급한 과제는 PPE(개인 보호 장비)의 안정적 확보와 신속한 분배였습니다. 의료진의 생명과 직결된 핵심 자원이었지만, 급격히 증가하는 수요와 불균형한 공급으로 지역별 격차는 심각했습니다.

이때 영국 보건당국은 팔란티어 파운드리를 활용해 상황을 데이터로 재설계했습니다. 감염 확산 속도·병상 가용 현황·의료 인력·재고 데이터를 실시간으로 통합해 PPE 수요와 재고를 미리 예측하고, 최적의 분배가 가능한 시스템을 구축했습니다. 이 체계를 통해 PPE를 가장 긴급도가 높은 현장에 우선 공급할 수 있는 구조가 마련되었고, 의료진의 안전은 물론 병원의 운영 안정성과 효율성까지 함께 확보할 수 있었습니다.

파운드리는 단순한 재고 관리 시스템이 아니라, 팬데믹 위기에서 국가 의료 대응을 실시간으로 지휘한 '상황실'이었습니다.

+ Summary

- NHS는 파운드리를 통해 병상, 장비, 백신 데이터를 하나로 통합하여, 국가 단위의 실시간 대응 체계를 구축했다.
- 파운드리는 단순한 분석 툴이 아닌, 정책과 전략을 설계하는 데 실질적인 역할을 했다.
- 이 사례는 팔란티어 기술이 보건의료 분야에 깊이 내재화될 수 있음을 입증했다.

팬데믹 이후: NHS의 핵심 플랫폼으로

팬데믹은 종료되었지만, 팔란티어와 NHS의 협력은 끝나지 않았습니다. 2023년, 영국 보건당국은 팔란티어와 3억 3천만 파운드 규모의 7년 계약을 체결하며, 파운드리를 '연합 데이터 플랫폼Federated Data Platform'으로 공식 채택했습니다. 이제 파운드리는 단순한 응급 대응 도구가 아닌, 국가 의료 인프라 전반을 운영하는 핵심 플랫폼으로 자리 잡았습니다. 감염병 대응부터 수술 일정 관리, 병원 대기열 해소, 의료 자원 배분 등 의료 체계의 근본적 과제를 해결하는 중심축으로 기능이 확대되었습니다.

이 계약은 기술 도입 차원을 넘어, 팔란티어가 영국 의료 시스템의 운영 구조 속에 깊이 내재화되었다는 의미이며, 플랫폼 락인 효과가 실제로 구현된 대표적인 사례로 평가받고 있습니다.

+ 락인 효과(Lock-in Effect)란?

한 번 도입된 플랫폼이 시스템의 핵심 구조에 깊게 내재화되어, 다른 기술로는 사실상 대체가 어려워지는 현상

4
산업 현장으로 확장된 의사결정 시스템

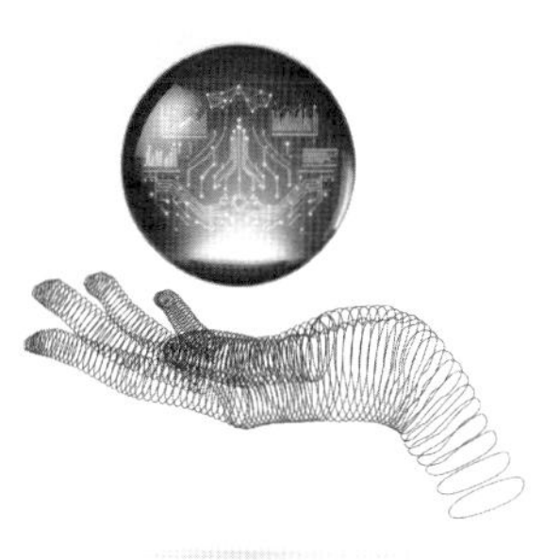

기존 산업 현장은 본질적으로 비효율적이었습니다. 데이터는 설비 단위, 부서 단위로 흩어져 있었고, 문제가 발생하면 원인 파악을 위해 여러 팀에 자료를 요청하고 서로 다른 형식의 데이터를 수작업으로 맞춰봐야 했습니다. 공정이 멈춰도 정확한 원인을 실시간으로 파악하기 어려웠고, 대응은 늘 상황이 발생한 이후에야 가능했습니다.

팔란티어가 도입되자 상황이 바뀌었습니다. 각 부서와 시스템에 흩어져 있던 데이터가 한 곳에서 실시간으로 연결되고, 문제 발생 가능성을 사전에 감지하는 시뮬레이션이 작동하기 시작했습니다. 의사결정 흐름은 시스템 내부에서 자동으로 전개되고, 결정이 내려지면 실행까지 즉시 연동됩니다.

공장에서 부품이 지연되면 어떤 조립 라인이 영향을 받는지 미리 예측할 수 있고, 물류 병목이 감지되면 가장 빠른 우회 경로가 즉시 제안됩니다. 보험 청구 데이터에서는 수상한 패턴이 포착되면, 사람이 지시하지 않아도 시스템이 먼저 반응합니다.

팔란티어의 플랫폼은 단순히 일을 효율적으로 만들어주는 도구가 아닙니다. 산업 현장의 의사결정 구조를 재설계하고, 업무의 흐름 자체를 다시 그리는 시스템입니다.

이제부터 팔란티어가 각 산업에서 어떻게 작동하고 있는지, 구체적인 사례들을 통해 확인해보겠습니다.

보험: 병목을 해소한 프로세스 혁신

(1) 기존 보험 시스템의 한계

보험사는 매일 수만 건의 보험 청구를 처리해야 합니다. 하지만 이 방대한 양을 사람이 일일이 검토하는 것은 현실적으로 불가능합니다. 그래서 전통적인 시스템은 '규칙 기반 탐지' 방식에 의존해왔습니다.

예를 들어,

- 같은 병명으로 반복 청구되거나,
- 특정 금액 이상이 반복되거나,
- 허위 주소나 과도한 치료 이력이 발견되면

사기로 간주하도록 미리 설정된 규칙에 따라 탐지하는 방식입니다. 이 방식은 이미 알려진 사기 유형에는 효과적일지 몰라도 새로운 수법이나 복합적인 조직형 사기, 혹은 청구 흐름 자체의 비정상적 움직임을 포착하는 데는 한계가 있었습니다.

(2) 팔란티어는 어떻게 달랐을까

팔란티어 파운드리는 청구 건을 개별적으로 보지 않습니다. 사람, 병원, 진단 일자, 금액, 위치, 의료진 정보 등 수십 개의 요소를 유기적으로 연결해, 네트워크 단위의 이상 흐름을 실시간으로 추적합니다.

예를 들어,

- 한 환자가 서울과 부산의 병원에서 동시에 진료를 받고,
- 두 병원이 같은 의료법인 소속이며,
- 동일한 약사 이름으로 청구가 접수된 경우,

파운드리는 이 흐름을 연결해 사기의 가능성을 식별합니다.

기존 의료 시스템도 기본적인 중복 탐지는 가능하지만, 파운드리는 훨씬 더 다차원적이고, 실시간 대응을 가능하게 합니다. 조직 간 데이터 사일로를 해체하고, 수십 개 속성을 연결해 패턴 기반으로 이상 징후를 탐지합니다. 기존 시스템은 "이상이 있다"는 경고까지만 제공합니다.

반면, 파운드리는 이상 신호가 감지되면

- 어느 수준에서 조사가 필요한지
- 담당자에게 경고를 보내야 하는지
- 보험금 지급을 일시 중단해야 하는지 등

의사결정 로직 자체가 시스템 안에서 자동으로 작동합니다.

이제 보험사 내부에서는 의사결정과 실행의 흐름까지 한 번에 설계할 수 있게 되었습니다.

핵심 인사이트

파운드리는 더 이상 '보험 사기 탐지 도구'로만 정의되지 않는다. 청구 검토의 기준을 고도화하고, 조사·심사·고객 응대의 전 과정을 자동화하며, 보험사의 업무 흐름 전체를 재설계한 지능형 운영 시스템이다.

(3) 비효율을 덜어낸 보험 청구 시스템

보험사와 병원 간에는 진료 기록, 청구 문서, 승인 서류 등 수많은 행정 데이터가 오갑니다. 그러나 과거에는 시스템 간 호환이 되지 않아, 각 기관이 수작업으로 데이터를 맞추는 일이 반복되었습니다. 이 과정에서 청구 누락, 중복 청구, 승인 지연, 불필요한 서류 요청 등이 빈번하게 발생했고, 심사 지연은 보험금 지급 차질로 이어지며, 고객 응대와 내부 인력 부담까지 가중되는 구조였습니다.

팔란티어 파운드리는 이 단절된 구조를 실시간 연동 시스템으로 바꿔냈습니다. 병원과 보험사 간 데이터를 동일한 기준으로 실시간으로 공유함으로써 변화가 일어났습니다.

- 청구 데이터의 정합성이 자동 검증되고
- 승인 지연 없이 신속한 심사가 가능해졌으며
- 고객과의 응대 흐름도 간소화되었습니다.

결과적으로, 내부 인력의 업무 부담도 크게 줄었고 전체 프로세스는 하나의 데이터 흐름 안에서 자동으로 이어지도록 재설계되었습니다.

제조업: 에어버스, 복잡한 제조 공정을 단일 플랫폼으로

(1) 기존 제조 시스템의 한계

제조업은 본질적으로 복잡한 연결을 설계하고 완성하는, 정밀 공학의 예술입니다. 수천 개의 부품, 수백 개의 공급업체, 수십 개의 조립 공정이 하나의 일정 안에서 맞물려야 합니다. 항공기 한 대를 제작하려면 약 500만 개의 부품이 전 세계 수백 개 업체로부터 정해진 순서와 조건에 맞춰 납품되고, 순차적으로 조립됩니다.

그러나 실제 제조 현장은 이 흐름을 완전히 통제하기 어렵습니다. 공정별 데이터는 흩어져 있어 특정 부품의 지연이 어느 조립 단계에 영향을 줄지 예측이 어려웠으며, 납기 지연이나 물류 병목은 전체 일정을 흔드는 주요 변수였습니다.

그럼에도 대응 방식은 지나치게 단순했습니다. 엑셀 기반 일정 관리, 메신저·이메일 위주의 수동 커뮤니케이션, 사후 대응 중심의 처리 방식으로는 글로벌 생산 네트워크를 하나의 유기적 시스템으로 연결하기에 한계가 있었습니다.

이러한 비효율을 해결하기 위해 에어버스는 2015년부터 팔란티어와 협업해 A350 생산 데이터를 통합했고, 2017년에는 이 기반을 확장해 팔란티어와 함께 항공 데이터 플랫폼 스카이와이즈Skywise를 공동 개발했습니다.

(2) 제조 패러다임을 바꾼 예측 기반 운영

스카이와이즈는 항공업계의 제조·운영·정비·운항 데이터를 클라우드에서 통합 분석하는 산업 특화 플랫폼으로, 파운드리를 기반으로 구축된 항공 데이터 플랫폼입니다.

초기에는 항공기 조립 공정과 부품 공급망 최적화를 목표로 출발했으며, 에어버스는 이 플랫폼을 활용해 생산 리드타임을 단축하고 정비 비용을 절감하며, 운영 안정성을 높이는 성과를 거두었습니다.

파운드리는 에어버스의 공급망과 생산 공정을 실시간으로 연결하는 데이터 허브 역할을 하며, 다음 정보를 통합합니다.

- 공급업체별 부품 도착 시점
- 각 공정의 진행률
- 장비 가동 현황과 인력 배치
- 생산 지연 시뮬레이션 결과

이 데이터는 단일 플랫폼에서 분석·연계되어, 생산 전 과정을 실시간으로 관리합니다. 특정 부품이 지연될 경우, 영향을 받을 조립 공정을 사전에 예측하고 전체 일정을 선제적으로 조정할 수 있습니다. 이 예측 기반 공정 운영이 제조 현장의 패러다임을 전환시키고 있습니다.

(3) 스카이와이즈, 항공 산업의 프로토콜이 되다

이 시스템을 통해 에어버스는 연간 17억 달러 이상의 비용을 절감한 것으로 추정되며, A350 항공기의 생산량도 약 33% 증가했습니다.

스카이와이즈는 이제 에어버스의 작동 로직을 재설계한 데이터 조종석이자, 항공 데이터 산업의 표준 플랫폼으로 자리 잡았습니다. 에어버스는 스카이와이즈를 활용해 고객 항공사에 분석·예측·실행 도구를 제공하며, 내부 효율화 플랫폼을 글로벌 항공 데이터 서비스 사업으로 확장했습니다.

제조 라인에서 출발한 스카이와이즈는 이제 정비와 운항까지 아우르는 항공 산업 표준 B2B SaaS 플랫폼으로 확장되었고, 그 청사진을 설계한 주역은 팔란티어였습니다. 스카이와이즈는 파운드리의 항공 산업 특화 모델이자, 산업 플랫폼 전략을 대표하는 사례입니다.

팔란티어 파운드리는 한국에서도 도입이 확산되고 있습니다. KT는 통신 데이터를 활용한 PoCProof of Concept(상용화 전 기술 검증)를 완료해 네트워크 장애 해결 시간을 70% 단축하는 성과를 거뒀으며, 팔란티어와 공식적인 파트너십을 체결해 금융권을 중심으로 데이터 인텔리전스 기반 의사결정 체계 구축을 추진하고 있습니다. 삼성전자는 반도체 공정의 수율 개선과 품질 향상을 위해 팔란티어의 데이터 분석 플랫폼을 도입해 활용하고 있습니다.

HD현대중공업은 2021년 시작된 FOS(미래형 조선소) 프로젝트의 일환으로 현재 2단계인 '연결-예측 최적화된 조선소'에 진입해 디지털 공장 구축을 본격화했습니다. HD현대인프라코어는 파운드리 기반의 데이터 플랫폼 'DI360'을 구축해 신제품 개발, 공급망 관리, 고객 지원에 활용하고 있습니다. DL이앤씨와 코오롱베니트도 공식 협업을 발표했습니다.

이러한 추세는 통신·조선·건설·IT 등 민간 산업 전반으로 확산되고 있습니다.

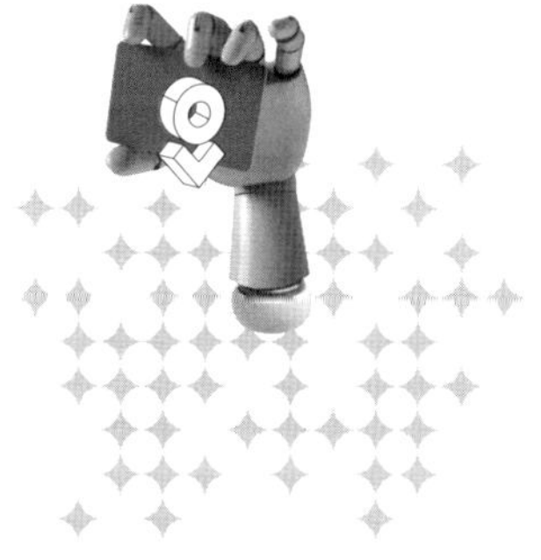

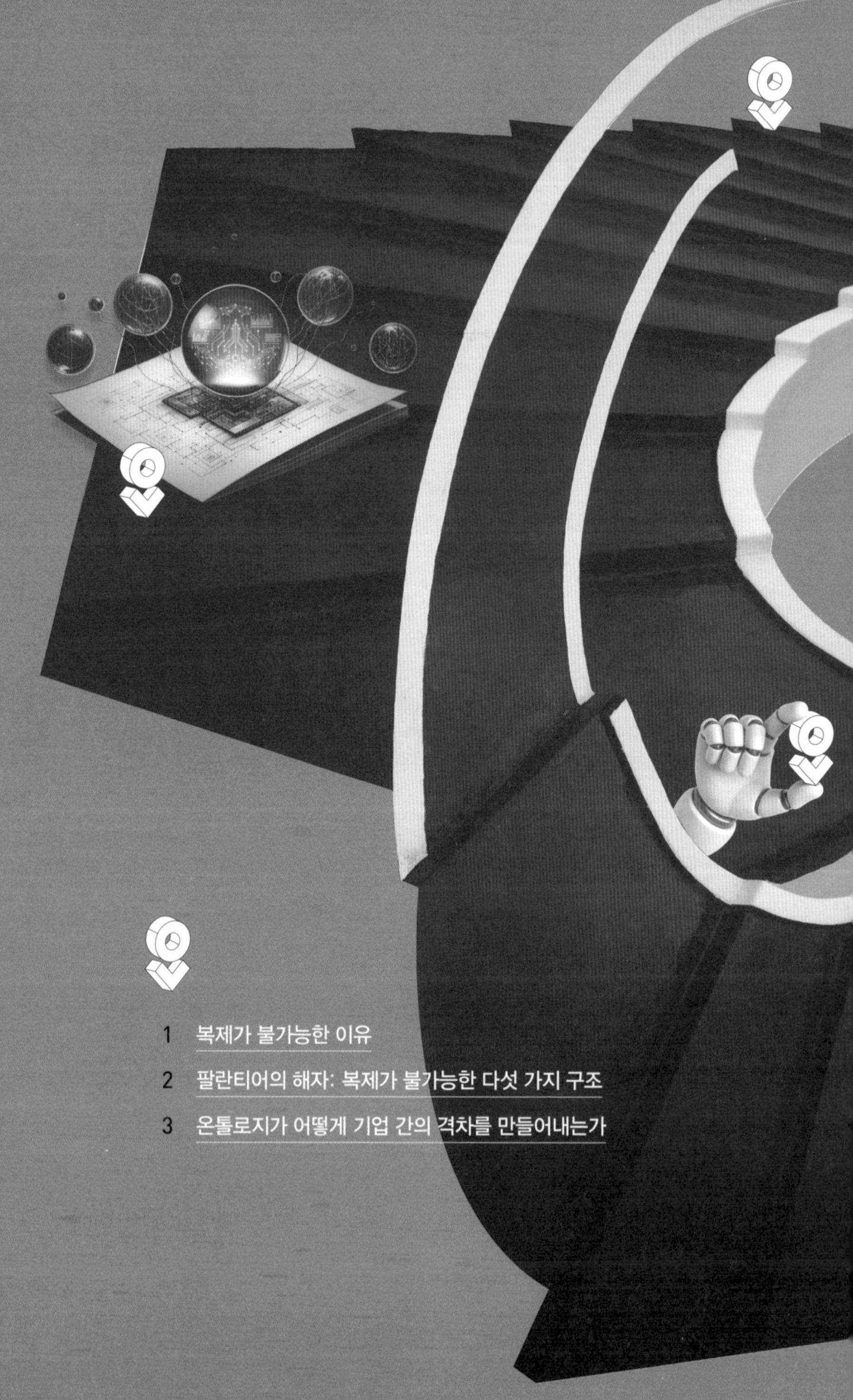

1 복제가 불가능한 이유

2 팔란티어의 해자: 복제가 불가능한 다섯 가지 구조

3 온톨로지가 어떻게 기업 간의 격차를 만들어내는가

chapter 5

팔란티어의 독보적 해자

"팔란티어를 뛰어넘는 기업이 나올 수 있을까?"

많은 사람들이 이런 질문을 던집니다.

그러나 이 질문에는 하나의 본질적인 착오가 담겨 있습니다.
팔란티어는 단순히 성능이나 기능을 기준으로 경쟁하는 기술 회사가 아닙니다.
처음부터 비교를 허용하지 않는 독자적 운영 체계로 설계된 플랫폼이기 때문에,
'더 우수한 대체재'라는 개념 자체가 성립하지 않습니다.
'뛰어넘는다'는 말은 같은 기술 영역 안에서 더 나은 성능이나 정밀도로
경쟁한다는 의미를 내포합니다. 그러나 다른 기업이 더 나은 기술을
내놓는다고 해서, 팔란티어의 위치가 자동으로 대체되는 구조는 아닙니다.
경쟁사가 쉽게 넘을 수 없는 진입장벽을 우리는 '해자Moat'라고 부릅니다.
대부분의 기업은 기술, 가격, 네트워크, 브랜드와 같은 요소로 해자를 형성합니다.
그러나 팔란티어의 해자는 접근 방식 자체가 다릅니다.
팔란티어의 플랫폼은 기능 경쟁을 전제로 설계된 제품이 아니라,
조직의 의사결정과 운영 방식을 하나의 체계로 묶어버리는 구조로 설계되었습니다.
그 경쟁력은 기술적 우수성이나 시장 점유율이 아니라, 동일한 시스템을
복제하기 어렵게 만드는 설계에서 나옵니다.

다시 말해, 팔란티어는 단순히 더 나은 기술로 승부하는 회사가 아니라, 비교와 대체 자체를 어렵게 만드는 구조를 먼저 설계한 회사입니다.

1 복제가 불가능한 이유

대부분의 소프트웨어는 기능을 모방하거나 성능을 개선하면 더 나은 대안이 될 수 있습니다. 하지만 팔란티어의 기술은 단순한 기능 비교나 성능 경쟁의 틀로 평가하기 어렵습니다. 다른 툴이 기능을 블록처럼 조합한다면, 팔란티어는 설계 단계에서부터 판을 새로 짰기 때문입니다.

태블로나 파워 BI 같은 시각화 툴은 기능 정교화나 UX 개선을 통해 "더 나은 버전"이 나올 수 있지만, 파운드리는 처음부터 복제가 불가능할 정도로 정교하게 설계되었습니다. 따라서 경쟁사 입장에서는 '뛰어넘는다'는 발상 이전에 '비슷한 대안을 만든다'는 시도조차 기획 단계에서 한계에 부딪힐 수밖에 없습니다.

팔란티어를 '복제한다'는 것은 단순한 기술적 구현을 의미하지 않습니다. 다음과 같은 복합 구조를 동일한 수준으로 재현하는 것을 뜻합니다.

- 온톨로지 기반의 데이터 통합
- 실시간 의사결정 흐름
- 플랫폼에 내재된 보안 아키텍처
- 조직 내 시스템 정착 과정
- 현장에서 축적된 운용 경험

이 요소들은 각각 독립된 기능이 아니라, 서로 유기적으로 엮인 하나의 체계입니다. 따라서 기술을 조합한다고 해서 팔란티어의 철학과 내재화 방식까지 따라올 수는 없습니다.

경쟁사가 맞서려면 단순한 기능 개선이 아니라, 팔란티어가 수년간 축적해온 의사결정 모델, 도메인 온톨로지, 보안 프로토콜까지 모두 갖춘 하나의 생태계를 복제하는 일이고, 이것이야말로 복제가 불가능한 기술적 해자의 본질입니다.

2 팔란티어의 해자: 복제가 불가능한 다섯 가지 구조

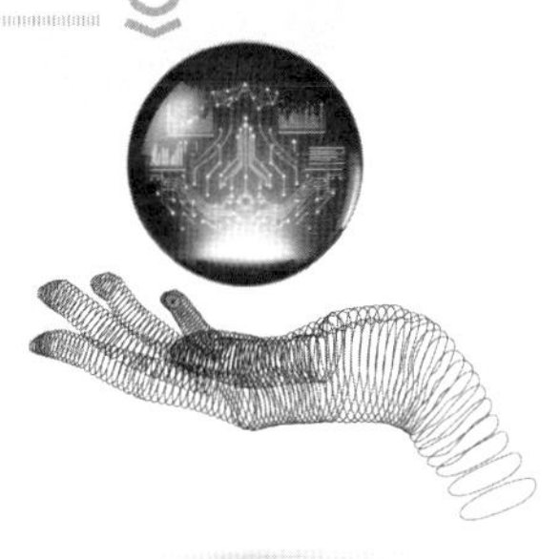

많은 기업이 "팔란티어를 벤치마킹하고 있다"고 말하지만, 팔란티어의 본질을 완전히 복제한 사례는 단 하나도 없습니다.

그 이유는 분명합니다. 팔란티어가 만든 것은 개별 기능이 아니라, 의사결정의 흐름을 설계하는 '구조'이기 때문입니다. 기술을 모방할 수는 있어도 의사결정의 흐름, 보안 설계, 온톨로지와 같은 설계 철학까지 그대로 따라잡는 일은 사실상 불가능합니다.

지금부터 팔란티어의 시스템이 왜 복제 불가능한지를 설명하는 다섯 가지 해자를 하나씩 살펴보겠습니다.

온톨로지: 팔란티어의 시그니처 지도

팔란티어의 기술 중 가장 핵심이자, 동시에 가장 추상적이고 강력한 요소는 온톨로지입니다. 데이터를 단순히 읽는 것이 아니라, 해석하는 방식 자체를 설계하는 기술이기 때문입니다.

온톨로지는 데이터를 맥락 속에 연결하는 개념적 지도라고 할 수 있습니다. 데이터도 온톨로지를 거쳐야 맥락과 관계를 얻어 단순한 정보에서 의미 있는 자산으로 전환되며, 의사결정의 재료로 쓰입니다. 같은 길이라도 지도의 기준에 따라 다른 경로가 제시되듯, 같은 데이터라도 온톨로지를 통과하는 순간 전혀 다른 결과로 이어집니다.

같은 데이터라도 국방부와 보건부의 해석은 전혀 다릅니다. 팔란티어는 이 해석의 기준을 조직 맞춤형으로 설계합니다. 여기서 말하는 '기준'은 단순한 설정값이 아니라, 조직의 구조·권한 체계·업무 흐름을 반영한 의사결정 프레임입니다. 결국 온톨로지는 데이터가 아니라 해석하는 눈을 바꿉니다.

이 시스템을 도입한 조직은 데이터 해석뿐 아니라 의사결정의 기준 자체를 시스템 안에 심어 넣게 됩니다. 결과적으로 의사결정의 일관성은 개인의 직감이 아니라 조직의 규칙에서 보장됩니다. 앞서 설명한 '단일 진실 공급원SSOT'이 바로 이러한 구조를 의미합니다.

이런 이유로 온톨로지는 기능만으로는 복제할 수 없습니다. 기능은 모방할 수 있어도, 특정 조직의 맥락·권한·업무 흐름에 맞춰 설계된 해석 체계까지 그대로 재현하기는 사실상 불가능하기 때문입니다.

팔란티어의 결정적인 해자는 바로 이 지점에서 형성됩니다. 그 조직만의 의사결정 구조를 설계해 넣은 '해석의 심장'까지는 건드릴 수 없습니다.

락인 효과: 한 번 도입하면 갈아탈 수 없다

팔란티어의 플랫폼은 한 번 도입되면 단순한 툴이 아니라, 조직의 핵심 운영 체계로 자리 잡습니다. 데이터 구조, 인력 배치, 의사결정 체계까지 실제 운영 방식이 플랫폼 안에 깊이 내재화되면서 다른 시스템으로의 이전이 사실상 불가능해집니다.

이렇게 조직의 운영 전반이 하나의 플랫폼에 고착되는 단계에 이르면, 새로운 시스템으로의 이전은 단순한 기술 교체 수준이 아닌 조직 전체의 작동 방식을 재설계해야 하는 고난도 작업이 됩니다. 이 과정에는 막대한 비용, 내부 저항, 시스템 중단 같은 치명적인 리스크가 뒤따릅니다. 플랫폼이 조직의 운영에 깊이 통합되면 갈아탄다는 선택지 자체가 사라지며, 결국 락인 효과Lock-in effect로 이어집니다.

팔란티어의 도입은 단순한 기술 설치가 아니라, 부서 간 데이터 흐름, 권한·승인 체계, 의사결정 절차 등 조직 운영의 핵심 기능이 플랫폼 안에 통합되는 과정입니다. 이러한 설계는 우연히 만들어진 것이 아니라, 설립 초기부터 계획된 전략의 결과로 볼 수 있습니다. 피터 틸과 알렉스 카프는 여러 차례 인터뷰에서 "팔란티어는 단기 수익보다 정부와의 신뢰를 우선했다"고 밝혔습니다. 설립 초기부터 정부·정보기관·방산 분야에 맞춤형 시스템을 구축하며 장기 계약을 체결했고, 시간이 지날수록 고객의 이탈을 어렵게 만들며 자연스럽게 락인 효과로 이어졌습니다.

이후에는 정부뿐 아니라 민간에서도 파일럿으로 시작해 본계약·재계약으로 이어지는 패턴이 고착화되면서, 일단 한번 도입하면 빠져나오기 어려운 구조로 굳어졌습니다. 이 같은 패턴은 여러 실제 사례에서도 반복적으로 확인됩니다.

- 미 국방부 메이븐Maven 프로젝트: 2024년 5월 4억 8천만 달러 규모 IDIQ 계약 체결 후 12억 9천만 달러로 확대, 현재는 최대 10년·100억 달러 규모의 엔터프라이즈 계약으로 발전
- SOCOM(특수작전사령부): 수년간 다년 계약 체결 및 연장
- BP: 파일럿 이후 본계약으로 전환하며 파운드리를 전사적으로 도입
- 엑슨모빌Exxon Mobil, 타이슨 푸드Tyson Foods: 파일럿에서 본계약으로 전환(로이터 보도)

팔란티어는 한번 도입되면 깊이 내재화되는 설계가 핵심입니다. 조직의 핵심 자산이자 운영 체제로 고정되며 해자의 한 축을 이루는 강력한 락인 효과를 발휘합니다.

일반적인 락인은 데이터가 시스템에 묶이고, 전환에 따르는 비용과 복잡성 때문에 다른 플랫폼으로 옮기기 어려울 때 발생합니다. 하지만 팔란티어의 락인은 그보다 훨씬 근본적입니다. 조직의 사고 체계 자체가 플랫폼 위에서 다시 짜여지는 현상입니다.

"고객들은 이제 단순히 '유즈케이스Use Case를 테스트해보자'가 아니라, '우리 조직 전체를 팔란티어와 AIP를 중심으로 어떻게 재편할 수 있을까?'라는 질문을 하고 있습니다."

– 라이언 테일러, 팔란티어 CRO, 2025년 3분기 어닝콜

팔란티어의 플랫폼을 일정 기간 사용하면, 조직이 데이터를 해석하고, 보고하고, 승인하고, 조치하는 모든 업무 루틴이 온톨로지 기반의 워크플로우 안으로 편입됩니다. 시스템이 단순히 조직 안에 들어오는 것이 아니라, 조직의 일하는 습관이 플랫폼 위로 옮겨가며 운영체계로 굳어집니다.

이것이 바로 다른 SaaS 제품과의 본질적인 차이입니다. 보통 툴을 교체하면 기능이 불편해지거나 UI가 낯설 뿐이지만, 팔란티어를 떼어내

면 조직은 '어떻게 일해야 하는지' 기준 자체가 흔들립니다. 의사결정 경로, 승인 체계, 리스크 시뮬레이션, 데이터 권한 구조가 전부 온톨로지 위에 얹혀 있기 때문입니다. 즉, 팔란티어 플랫폼을 제거하면 조직의 사고 프레임 자체가 무너집니다.

팔란티어의 고객들이 장기 계약을 유지하는 이유는 시스템이 조직의 운영 방식 속에 깊이 내재화되기 때문입니다. 팔란티어는 온톨로지를 통해 의사결정 방식을 재설계하고, 그 방식을 조직의 습관으로 굳혀 버립니다.

이렇게 형성된 운영 체계의 내재화가 시장이 팔란티어에 프리미엄을 부여하는 이유 중 하나입니다.

End-to-End 설계

전통적인 데이터 운영 환경에서는 수집, 분석·시각화, 실행이 서로 다른 인프라와 부서, 시스템에 흩어져 있습니다. 데이터 수집은 센서·DB 등 1차 인프라에서, 분석과 시각화는 태블로·파워 BI·루커Looker와 같은 BI 툴에서, 실행은 별도의 운영 애플리케이션에서 각각 처리되는 단절된 구조입니다.

이처럼 단계별로 분리된 구조에서는 흐름이 끊기고, 시간이 지연되며, 정보 왜곡이 발생합니다. 팔란티어는 이 모든 과정을 단일 플랫폼 안에 통합한 엔드투엔드End-to-End 구조를 제공합니다.

엔드투엔드는 데이터 수집·분석·시각화·실행까지, 업무 전 과정을 하나의 플랫폼 안에서 통합 운영하는 방식입니다. 마치 여러 건물에 흩어진 부서를 한 빌딩으로 모아, 한 자리에서 모든 업무를 처리하는 방식과 같습니다.

여기에 피드백 루프Feedback Loop가 결합됩니다. 실행이 끝이 아니라, 그 결과 데이터가 즉시 환류되어 재분석과 재실행으로 이어지는 순환 구조입니다. 엔드투엔드가 '모든 단계를 한 번에 연결하는 설계'라면, 피드백 루프는 '결과 데이터를 다시 투입해 의사결정과 실행 전 과정을 학습·보정하는 메커니즘'입니다.

두 구조가 결합되면 기업은 "데이터는 있는데 실행이 안 된다"는 병목 없이, 상황 변화에 즉시 대응할 수 있는 실행력을 확보하게 됩니다. 엔드투엔드 구조는 데이터를 수집하는 순간부터 실행까지 하나의 직선 경로로 연결하며, 그 경로 위에서 불필요한 전환을 제거해 의사결정의 속도와 정확성을 동시에 끌어올립니다. 속도와 정확성이 만나는 이 지점에서 경쟁력의 격차가 생깁니다.

보안 내재화: 플랫폼 가장 깊은 층부터 설계된 보안

국방부, CIA, FBI, NHS…. 팔란티어는 전 세계에서 가장 민감한 데이터를 다루는 기관들이 신뢰하는 기업입니다. 그 이유는 명확합니다. 팔란티어는 보안을 나중에 덧붙이는 방식이 아니라, 처음부터 플랫폼 구조에 깊이 녹여낸 기업이기 때문입니다.

실제로 팔란티어의 파운드리와 아폴로는 미국 국방부DOD로부터 IL5Impact Level 5 등급 인가와 IL6Impact Level 6 잠정 승인Provisional Authorization(PA, 유효 기간과 조건 준수 필요)을 획득하여, 최고 수준의 기밀 환경에서도 운용 가능한 수준임을 공식적으로 인정받았습니다. 이 인증은 팔란티어의 보안 설계가 단순한 이념 차원에 머무르지 않고, 국가 안보 기준을 충족하는 수준으로 기술적으로도 완성되었음을 입증합니다.

대부분의 기술 기업은 보안을 기능처럼 나중에 추가하거나 외부 솔루션에 의존합니다. 하지만 팔란티어는 보안을 단순한 기능이 아니라, 깊은 층부터 설계된 핵심 구조로 만듭니다. 보안은 데이터 흐름, 사용자 권한, 접근 기록, 협업 기능 등 핵심 운영 기능 전반에 기본값으로 내재화되어 있습니다.

파운드리는 다음과 같은 보안 원칙을 따릅니다:

- 최소 권한 원칙Principle of Least Privilege: 사용자는 업무 수행에 꼭 필

요한 데이터와 기능만 접근할 수 있도록 자동 제한됩니다.

- 세분화된 접근 통제Granular Access Control: 사용자, 조직, 데이터 단위별로 미세 단위까지 정교하게 권한을 분리할 수 있습니다. 예를 들어 특정 직원은 고객 데이터 중 이름과 주소는 열람할 수 있지만 금융 기록은 볼 수 없으며, 평일 사무실 접속에 한해서만 허용되는 식입니다.
- 행동 기반 기록 및 감사 추적Audit Trail: 모든 작업 내역은 시간·사용자·조치 기준으로 자동 기록되어, 추후 감사나 이상 징후 탐지에 활용할 수 있습니다.

이러한 보안 설계는 단지 데이터 유출을 막는 방어 수단에 그치지 않고, 조직이 시스템 전반을 신뢰하고 운영할 수 있는 기반이 됩니다. 특히 민감한 데이터를 다루는 국방·정보기관·의료·에너지 분야의 주요 조직들이 팔란티어를 선택하는 핵심 이유이기도 합니다.

보안은 단순한 옵션이 아니라 팔란티어 플랫폼의 DNA 그 자체라고 할 수 있습니다. 이 설계 철학 덕분에 팔란티어는 국가기관이나 보안 민감도가 높은 조직이 신뢰하는 대표적인 플랫폼으로 자리 잡았습니다.

이 보안 내재화 구조는 단순한 기능의 차별이 아니라 팔란티어만이 제공할 수 있는 방어적 진입장벽으로 작용합니다.

+ Summary

보안을 나중에 덧붙인 시스템은 언제든 대체할 수 있지만, 처음부터 구조에 내재된 보안은 신뢰의 인프라가 된다. 팔란티어의 보안은 단순한 기능이 아니라, 고객의 이탈을 단단히 잠그는 자물쇠다.

실전이 만든 데이터: 의사결정의 아카이브

팔란티어 플랫폼을 사용하는 조직의 데이터는 사건의 시작부터 의사결정, 그리고 결과까지의 전 과정을 기록한 실전형 의사결정 흐름입니다. 이 데이터는 사건 간 인과관계와 맥락을 함께 담고 있어, 단순한 코드나 정적인 알고리즘으로는 재현하기 어렵습니다.

또한 온톨로지와 피드백 루프Feedback Loop를 통해 의사결정의 결과와 맥락을 반영하며 지속적으로 진화합니다. 온톨로지는 데이터를 단편적으로 쌓는 대신, "무슨 일이 있었고, 왜 그렇게 판단했으며, 어떤 결과로 이어졌는가"를 하나의 이야기처럼 엮어 사건의 흐름을 완성합니다.

이 구조가 팔란티어가 말하는 '의사결정 캡처Decision Capture'입니다. 조직이 어떤 근거로 어떤 결정을 내렸고, 그 판단이 어떻게 이어졌는지를 데이터처럼 구조화해 저장하는 방식으로, 시간이 지날수록 축적된 판단이 내재화된 지식으로 자리 잡아 더 정교한 분석 체계를 만들어내며, 결과적으로 의사결정의 수준을 끌어올립니다.

그렇게 축적된 판단 체계는 곧, 팔란티어 기술의 진정한 경쟁력으로 이어집니다. 훈련된 온톨로지와 실전 판단 기록이 축적해온 의사결정의 품질은 경쟁사가 같은 기술 스택을 갖추더라도 쉽게 따라잡을 수 없는 격차를 형성합니다.

시간이 흐르며 축적되는 것은 단순한 정보의 양이 아니라 반복된 판단과 결과, 상황별 인사이트가 결합해 데이터 안에 구조화된 고밀도의 경험 자산입니다. 이 자산은 실제 환경에서 수많은 결정을 내려온 조직만이, 시간의 축적 끝에 얻을 수 있는 고유한 전략 자산입니다. 고객의 의사결정 체계가 정교해질수록, 그 진화를 설계한 팔란티어는 그 기술로 더 깊고 단단한 해자를 쌓아 올립니다.

▶ 참고: 여기서 언급하는 모든 데이터는 고객의 자체 인프라(내부 시스템·VPC·온프레미스 환경) 안에서만 생성·저장·관리되며, 팔란티어는 이 데이터를 외부로 수집하거나 보유하지 않습니다.

3 온톨로지가 어떻게 기업 간의 격차를 만들어내는가

회사가 온톨로지를 운영 시스템에 제대로 도입한다면, '월급 루팡'을 비롯한 비효율, 보고 누락이나 데이터 조작 같은 은폐, 중복 업무 같은 비생산적 패턴은 더 이상 감춰질 수 없습니다.

온톨로지는 단순히 데이터를 통합하는 기술이 아니라, 업무의 전 과정을 데이터 객체로 연결해 조직의 흐름을 투명하게 드러내는 구조입니다. 구체적으로 누가 어떤 데이터를 근거로 어떤 결정을 내렸는지, 그 결정이 실제 결과(성과·비용·일정 등)에 어떤 변화를 일으켰는지, 모든 과정이 하나의 맥락 위에서 투명하게 드러납니다.

결국 '일하는 척만 하는 사람'은 남길 데이터가 없습니다. 온톨로지는 결과로 이어지는 행위만 기록하기 때문입니다. 조회, 메모, 회의, 보고처럼 결과와 무관한 행위는 기록되지 않고, 실제 변화를 만든 업무만 데이터로 남습니다. 그렇게 남은 데이터는 기여가 명확한 사람과 그렇지 않은 사람을 냉정하게 구분합니다.

온톨로지를 통해 운영상의 허상이 걷히면, 조직은 완전히 다른 속도로 진화하기 시작합니다. 그 시점부터 '일하는 척하는 조직'과 '진짜 일하는 조직'의 격차는 되돌릴 수 없을 만큼 벌어집니다.

온톨로지는 인적 비효율뿐만 아니라, 조직 내부에 잠재된 운영상의 비효율까지 드러냅니다. 모든 행위와 결과를 하나의 논리적 그래프로 엮어 비효율적인 절차, 성과 없는 예산 집행, 업무 중복, 심지어 횡령이나 조작 가능성까지도 데이터 흐름의 비정상적인 경로로 감지할 수 있습니다.

이러한 병목이 제거된 조직은 불필요한 소모 없이 본질적 성과에 집중하게 되고, 결과적으로 의사결정의 품질과 속도는 비약적으로 향상됩니다. 결국 온톨로지는 비효율을 없애는 기술이 아니라, 조직의 진화 속도를 바꾸는 기술입니다.

또한 의사결정의 결과 데이터는 피드백 루프Feedback Loop를 통해 환류되며, 시스템은 그 과정을 반복할수록 정밀도를 높여갑니다. 그 정밀함은 다시 의사결정의 속도와 정확성을 끌어올리고, 조직의 실행 체계는 한층 더 고도화됩니다.

결국 같은 데이터를 가지고도, 조직은 전혀 다른 방식으로 사고하고 움직이게 됩니다. 온톨로지를 먼저 구축한 기업은 데이터를 단순히 보유하는 것이 아니라, 그 데이터를 해석하고 활용하는 언어 체계를 선점한 것입니다.

이 차이는 단순한 운영 효율의 차원이 아니라, 데이터를 통찰로 전환하는 조직 간 인텔리전스 격차Intelligence Gap로 이어집니다. 데이터와 시스템은 매 순간 의사결정의 속도와 정확도를 학습하며 조직에 맞춰 고도화되고, 그 누적된 학습은 시스템의 완성도와 의사결정의 품질, 실행력의 깊이에서 압도적인 격차를 만들어냅니다.

온톨로지를 먼저 도입한 조직과의 격차는 기술이 아니라, 시간 위에 쌓인 '학습의 복리'에서 결정됩니다.

1. 고밸류에이션–성장 프리미엄인가 거품인가
2. 정부 의존도: 해자이자 리스크
3. 프라이버시 및 규제 리스크
4. 확장성 제약 및 경쟁 심화

chapter 6

팔란티어의 투자 리스크

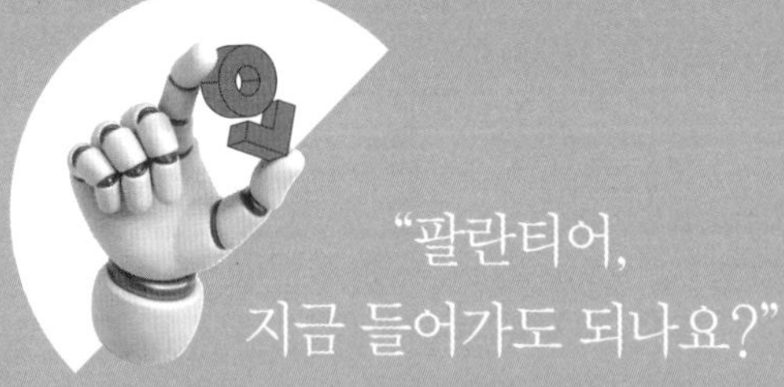

"팔란티어,
지금 들어가도 되나요?"

이 책을 준비하면서 가장 자주 받은 질문입니다.

PER이 지나치게 높다, 정부 의존도가 크다, 민간 확장이 더디다…
이런 우려 속에서도 투자자들은 여전히 팔란티어라는 기업에 대한 가능성을 놓지 않습니다. 하지만 그 가능성만큼, 신중한 판단도 필요합니다.
기업의 미래를 예측한다는 것은 성장성을 확인하는 동시에,
그 성장이 얼마나 흔들림 없이 지속될 수 있는지를 함께 살피는 일입니다.
그래서 투자자는 종종, 그 기업의 민낯을 들여다봐야 합니다.
리스크는 단점이 아닙니다. 그 기업이 외부 충격에 얼마나 견디는지를 측정하는, 진짜 내구성을 판단하는 렌즈입니다.
이번 장에서는 팔란티어의 고평가 논란, 정부 의존 구조, 확장성의 제약, 그리고 보안·규제 이슈 등 주요 리스크를 짚어보려 합니다.
이 부분의 취지는 기업의 결함을 드러내는 것이 아니라,
투자자로서 고려해야 할 현실적 변수를 명확히 인식하는 데 있습니다.

결국 모든 질문의 끝은 하나입니다.
"그럼에도 불구하고, 지금 투자할 수 있는가?"
이어지는 내용은 그 질문에 대한
판단의 근거를 제시합니다.

1 고밸류에이션– 성장 프리미엄인가 거품인가

PER 342배, 아직은 검증의 자리에 있다

2026년 1월 현재, 팔란티어의 주가는 약 146달러 수준이며, 주가수익비율PER은 약 342배, 주당순이익EPS(최근 12개월·TTM 기준)은 약 0.43달러입니다. 매출 대비 가치평가 지표인 EV/Sales(TTM 기준)는 약 91배에 달합니다.

S&P 500 평균 PER(약 27배)뿐 아니라 대부분의 소프트웨어 기업들과 비교해도 월등히 높은 수준입니다.

PER만 놓고 보면, "지금 들어가도 될까?"라는 질문이 나오는 건 당연합니다. 과거에는 수익성보다 기대가 앞섰던 만큼, 시장은 '성장 프리미엄'에 더욱 민감해져 있습니다. 실제 팔란티어의 주가는 2024년 대비 542% 상승했고, 2025년 들어서도 148% 이상 올랐습니다.

고평가 논란이 지속되지만, 단순히 과열로만 보기는 어렵습니다. 팔란티어는 최근 9분기 연속 어닝 서프라이즈를 기록했으며, AIP를 중심으로 한 민간 매출 확대라는 확실한 모멘텀을 보여주고 있습니다. 특히 2025년부터 AIP의 본격적인 확산과 민간 매출 증가가 이어질 경우, 현재의 밸류에이션은 향후 이익 증가로 충분히 정당화될 수 있다는 시각도 존재합니다. 즉, 현재의 높은 밸류에이션은 실적 개선에 따라 정당화될 수 있는 선반영된 기대값으로 해석될 여지가 있습니다.

PER이 높은데도 매수해야 할까?

팔란티어를 논할 때 많은 투자자들이 가장 먼저 우려하는 지점은 "PER이 지나치게 높다"는 점입니다. PER은 본질적으로 '현재 실적 대비 주가'를 보여주는 지표입니다. 이 수치가 높다는 것은 분명 부담이지만, 기업의 가치를 판단하는 데 있어 정말 중요한 건, EPS가 얼마나 빠르게 성장하고 있는가입니다.

+ PER(Price to Earnings Ratio)이란?

주가 ÷ 주당순이익EPS

현재 이익에 비해 주가가 얼마나 높은지를 보여주는 지표

+ EPS(Earnings Per Share)란?

기업의 순이익을 주식 수로 나눈 값

기업이 주당 얼마의 이익을 내고 있는지를 보여주는 수익성 지표

- PER은 '현재 이익 대비 주가가 비싼가'를 보여주는 수치입니다.
- 반면 EPS는 분기마다 움직이며, 실적의 속도와 방향성을 드러냅니다.
- 실제로 2025년 3분기 조정 EPS (Non-GAAP)는 0.21달러로, 전년 동기 대비(0.10달러) 110% 성장했습니다.
- 시장은 고정된 PER보다 EPS가 얼마나 빠르게 늘고 있는지에 훨씬 더 민감하게 반응합니다.

고성장주는 "PER이 높다 → 고평가"라는 단순 공식을 그대로 적용할 수 없습니다. EPS가 빠르게 성장하고 있다면, PER은 시간이 지나면서 조정되거나 정당화될 수 있다는 전략적 관점이 필요합니다.

지금 중요한 건 숫자 자체보다, 숫자가 만들어내는 흐름을 읽어내는 통찰력입니다. PER이 높다는 수치는 현재 시점의 스냅샷일 뿐이며, 실적의 방향성이 우상향이라면 그 숫자는 전혀 다른 의미를 가집니다.

성장주의 가치를 이해하려면 고정된 숫자보다 움직이는 실적의 방

향성을 읽는 시야가 필요합니다.

지금의 고밸류에이션은 리스크이자 기대의 압축이며, 핵심은 이를 실적으로 연결할 수 있느냐에 달려 있습니다. EPS가 꾸준히 시장 기대치를 상회한다면, 시장은 현재의 프리미엄을 정당한 밸류에이션으로 재평가하게 될 것입니다.

따라서 투자자는 현재의 PER 수치 자체보다, EPS 성장률이 향후에도 지속될 수 있는지를 면밀히 모니터링할 필요가 있습니다.

고밸류에이션은 시장이 부여한 선불 프리미엄이다. 실적이 따라오지 못하면, 그 프리미엄은 환불 요청으로 돌아온다. PER은 가격의 높이를 보여주고, EPS는 그 높이를 지탱할 수 있는 힘이다.

아마존과 테슬라의 과거 고평가 사례

팔란티어의 경우처럼, 아마존과 테슬라 역시 한때 '고평가 논란'의 중심에 있었습니다. 한때 시장은 수익 대비 주가가 지나치게 높다는 이유만으로 아마존과 테슬라를 '버블'로 규정했습니다. 당시 투자자들은 성장 초기 기업의 높은 PER을 성장 기대의 신호가 아닌 과열의 징후로 해석했습니다. 그 시기의 시장은 '현재'의 숫자에 갇혀, 미래의 수익 구조를 읽지 못했다는 맹점이 있었습니다. 수익이 아니라 잠재력에 베팅하는 시장의 논리를 이해하지 못했던 것입니다.

아마존과 테슬라는 서로 다른 방식으로 시장의 시선을 바꿔놓았습니다. 아마존이 재투자를 통한 실적 개선으로 PER을 현실화했다면, 테슬라는 산업의 패러다임 전환을 현실로 만들며 높은 밸류에이션을 정당화할 새로운 서사를 제시했습니다.

두 기업의 사례를 통해 높은 PER이 어떻게 정당화될 수 있었는지 구체적으로 살펴보겠습니다.

(1) 아마존 – 재투자가 만든 밸류에이션의 전환점

아마존의 PER은 2013년 9월, 일시적으로 1,078배까지 치솟았습니다. 그러나 이 수치는 주가가 비정상적으로 급등해서가 아니라, '의도적 저마진 전략'의 결과였습니다.

당시 아마존은 풀필먼트 센터(배송·재고 관리 인프라), 프라임(회원제 배송 서비스), AWS 데이터센터 구축 등 핵심 사업 확장을 위해 벌어들인 이익 대부분을 재투자했습니다. 이익Earnings이 낮게 유지되면서, 주당순이익EPS을 기준으로 산출되는 PER이 자연스럽게 높게 나타났습니다. 의도적 저마진 구간을 제외하더라도 아마존의 PER은 한동안 500~700배 수준의 고점을 오르내렸습니다.

투자자들은 아마존의 주력 사업인 전자상거래보다 높은 마진 구조를 지닌 AWS의 미래 현금흐름에 주목했고, PER의 상승은 '현재 이익'이 아닌 클라우드 사업이 만들어낼 장기 수익 구조를 시장이 선반영한 결과였습니다.

이 시기부터 주가는 단기 실적보다 시장 지배력 확장 전략에 반응하기 시작했습니다. 아마존의 밸류에이션이 정상화된 전환점은 AWS가 본격적으로 수익을 창출하기 시작한 시기였습니다.

2014년부터 2016년 사이, AWS 매출이 연평균 50% 이상 성장하면서 데이터센터·물류망·서버 클러스터로 구성된 고정비 인프라가 빠르게 효율화되었습니다. 리테일 사업에서 누적된 고정비 부담은 AWS의 고수익 모델이 등장하며 점차 상쇄되었습니다.

AWS의 확장은 동일한 인프라를 더 많은 고객이 활용하는 구조를 만들었고, 매출이 증가할수록 고정비 부담이 희석되며 규모의 경제Economies of Scale가 본격적으로 실현되었습니다.

+ 규모의 경제(Economies of Scale)란?

생산·운영 규모가 커질수록 평균 비용이 감소하며, 운영 효율성이 지속적으로 향상되는 현상을 뜻합니다.

이미 인프라 구축에 필요한 고정비가 선투입된 상태에서 매출이 급격하게 확대되자, 추가 매출이 순이익으로 전환되는 영업 레버리지 효과가 강화되었습니다. 동시에 리테일보다 마진이 높은 AWS·광고·서드파티 마켓플레이스의 비중이 확대되면서 아마존의 수익 구조는 플랫폼 중심으로 재편되었습니다.

이익의 절대 규모가 커지자 PER은 주가 하락이 아닌 EPS 급증으로 정상화되었습니다. 아마존은 저마진 리테일 기업에서 고마진 플랫폼 기업으로 사업 구조를 전환했고, AWS는 그 변화의 중심에서 밸류에이션 구조를 재정의했습니다.

AWS의 확장은 규모의 경제와 영업 레버리지를 동시에 이끌어내며, 한때 고평가로 보이던 PER을 실적이 뒷받침된 합리적 수준으로 정상화시켰습니다.

아마존이 재투자에서 수익화로 이어지는 경로를 통해 밸류에이션을 정당화했다면, 테슬라는 전기차 산업의 패러다임 전환을 주도하며 소프트웨어화와 제조 혁신으로 이익 구조의 스케일을 근본적으로 확장했습니다.

(2) 테슬라 – 산업 패러다임이 바꾼 성장의 구조

2020년부터 2021년 사이, 테슬라의 PER은 일시적으로 1,000배를 넘어서며 논란의 중심에 섰습니다. 전통적인 제조업의 잣대로는 납득하기 어려운 수치였지만, 시장은 점차 테슬라를 단순한 자동차 제조사가 아닌 에너지·모빌리티·소프트웨어 플랫폼 기업으로 보기 시작했습니다. 여기에 휴머노이드 로봇 '옵티머스Optimus'의 개발이 더해지면서, 테슬라는 제조의 범주를 넘어 지능형 생산체계를 구축하는 기업으로 진화했습니다.

산업 구조가 변화하면서 밸류에이션의 기준 역시 달라졌습니다. 그 시기 테슬라는 적자와 미미한 흑자를 반복하며 실적 변동성이 컸지만, 시장은 이미 테슬라를 전기차 중심의 모빌리티 기업이자 소프트웨어와 에너지를 결합한 플랫폼형 기업으로 재분류하기 시작했습니다. 평가의 초점은 단기적인 실적이나 밸류에이션이 아니라, 테슬라가 어떤 산업 변화를 주도하고 있는가로 옮겨갔습니다.

2020년을 기점으로 전환은 본격화되었습니다. 모델 3·Y 대량생산이 안정화되고 상하이 공장의 가동률이 상승하면서 제조 효율이 빠르게 개선되었습니다. 기가프레스 도입과 공정 단순화로 단위당 원가가 크게 낮아졌고, 2022년에는 베를린과 오스틴 공장이 본격 가동되며 생산 효율이 한층 강화되었습니다.

생산량이 늘수록 고정비가 희석되며 규모의 경제가 실현되었습니다. 동시에, 테슬라는 FSD(자율주행 소프트웨어), 규제 크레딧, 에너지 스토리지(Megapack), 차량 서비스 등 고마진 사업의 비중을 빠르게 확대했습니다. 이에 따라 하드웨어 중심이던 수익 구조가 점차 소프트웨어와 에너지 중심의 플랫폼 구조로 전환되었습니다.

특히 ESS는 설치 규모가 커질수록 단가 효율이 높아지는 특성 때문에, 차량 중심이던 수익 구조를 고수익 중심으로 전환시키는 촉매 역할을 했습니다. 이 과정에서 선제적으로 투입된 고정비 위로 매출이 빠르게 쌓이면서 영업 레버리지가 강화되었고, 순이익이 급증하며 PER은 주가 하락이 아닌 이익의 확장으로 정상화되었습니다.

테슬라의 높은 밸류에이션은 과열이라기보다, 혁신의 속도와 산업 패러다임의 전환을 선반영한 결과였습니다. 초기에는 자율주행·소프트웨어 전환·에너지 사업이라는 내러티브가 앞섰지만, 이후 대량생산 체계와 원가 구조 혁신, 수익원 다변화가 실제 숫자EPS로 그 내러티브를 실현했습니다.

테슬라는 규모의 경제와 공정 혁신, 소프트웨어 매출의 결합을 통해 이익 구조를 새롭게 정의했습니다. 시장이 선반영했던 변화의 방향은 이후 실적과 수익성 지표 전반에서 확인되었고, 주가에 반영되었던 기대는 결과로 회수되었습니다.

두 기업의 공통점은 다음과 같습니다.

- 거대한 TAM을 실제 매출과 계약으로 전환했고,
- 고정비를 선제적으로 투입한 뒤 규모 확장을 통해 영업 레버리지를 실현했으며,
- 클라우드·소프트웨어 등 고마진 부문의 비중을 높여 EPS의 성장 속도를 끌어올렸습니다.

이 조합이 맞물릴 때, 주가가 하락하지 않아도 PER은 이익(EPS)의 가파른 증가로 정상 범위에 근접하게 됩니다. 즉, 밸류에이션의 조정이 시장이 부여한 멀티플의 하락(디레이팅)으로 인한 결과가 아니라, 실적 성장(EPS 확장)을 통해 자연스럽게 정상화되었다는 의미입니다.

전통적 밸류에이션 방식의 한계

보통 성장주의 가치를 평가할 때는 PER이나 EPS외에도 DCF(현금흐름할인모델)와 같은 절대가치평가 모델과, PEG·PSR·EV/EBITDA·40의 법칙Rule of 40과 같은 상대가치평가 지표를 함께 참고합니다.

항목	핵심 개념 요약
DCF Discounted Cash Flow	기업이 미래에 창출할 것으로 예상되는 현금흐름을 현재 가치로 환산해 내재가치를 산출하는 절대적 가치평가 모델
PEG Price/Earnings to Growth	PER을 주당순이익EPS 성장률로 나눈 값으로, 이익 성장 속도 대비 주가가 합리적인지를 평가
PSR Price to Sales Ratio	시가총액을 연 매출액으로 나눈 비율로, 아직 이익이 안정되지 않은 성장 기업의 상대적 밸류에이션 평가에 자주 사용
EV/EBITDA	기업가치EV를 영업이익EBITDA으로 나눈 지표로, 운영 효율성과 현금창출력을 함께 반영하는 대표적 멀티플
P/FCF Price to Free Cash Flow	시가총액을 자유현금흐름FCF으로 나눈 값으로, 실질 현금 창출력 대비 밸류에이션 수준을 평가
Rule of 40	SaaSSoftware as a Service 기업 평가 기준으로, 성장률(%) + 영업이익률(%) ≥ 40일 경우 '건전한 성장'으로 간주하는 경험적 지표

그러나 팔란티어와 같은 소프트웨어·AI 기업에 전통적 밸류에이션 방식을 그대로 적용하면 정확도가 떨어집니다. 이러한 기업들은 성장 초기 단계에서 현금흐름이 뒤늦게 발생하는 특성을 가집니다. R&D, 영업, 인프라 투자가 선행되고 실제 현금화는 늦게 이루어지기 때문에, DCF 모델이나 PEG 같은 지표는 성장률·할인율·이익 추정치 등 가정값의 변화에 매우 민감하게 반응합니다. 결국 초기 구간에서는 기업 가치가 과소 혹은 과대평가될 위험이 높습니다.

여기에는 회계적 왜곡 요인도 작용합니다. 스톡옵션SBC 비용 처리 방식, 제품 도입 초기부터 본격적인 확산에 이르기까지의 매출 인식 지연, 그리고 정부·대형 계약의 분기별 실적 편차로 인해 EPS나 EBITDA가 실제 수익성을 온전히 반영하지 못합니다. 이 때문에 단기 재무 데이터를 기준으로 평가할 경우, 기업의 실질 수익성과 영업 효율이 왜곡된 시점에서 해석될 위험이 높습니다.

또한 전통적 재무지표들은 기업의 내재된 경제적 자산을 충분히 포착하지 못합니다. 네트워크 효과, 전환 비용, 데이터 자산 등은 PER·PSR·EV/EBITDA 같은 단일 비율로는 정확히 반영되지 않습니다.

이러한 한계로 인해, 분석가들은 40의 법칙, LTV/CAC 같은 운영 효율성 지표를 병행하고 TAM(시장 잠재력), 경쟁 우위Moat, 매출 성장률Revenue Growth 등 비재무적 요인을 함께 고려해 평가의 정밀도를 높입니다.

특히 경쟁 우위는 기업의 장기적 수익성과 시장 지위를 결정짓는 핵심 요소입니다. 투자 리서치 기관 모닝스타Morningstar는 이러한 경쟁력을 체계적으로 평가하기 위해 다섯 가지 경제적 해자Economic Moat 요인을 제시합니다.

❶ 스위칭 비용Switching Costs: 고객이 경쟁사로 이동하기 어렵게 만드는 전환 장벽

❷ 네트워크 효과Network Effect: 사용자 수가 많을수록 제품·서비스의 가치가 커지는 구조

❸ 무형자산Intangible Assets: 브랜드, 특허, 데이터 등 눈에 보이지 않는 경쟁력

❹ 비용우위Cost Advantage: 경쟁사보다 더 낮은 단가로 동일한 가치를 제공할 수 있는 구조

❺ 효율적 규모Efficient Scale: 특정 시장을 과점 형태로 장악한 경우

이러한 비재무적 요인들은 기업의 성장 잠재력을 이해하는 데 필수적입니다. 그러나 팔란티어의 경우, 단순히 이러한 일반적 평가 틀만으로는 충분히 설명되지 않습니다. 소프트웨어·SaaS·AI 기업 특유의 수익 모델과 성장 메커니즘이 작동하기 때문에, 이 기업의 가치는 전통적인 평가 기준보다 더 넓은 관점에서 해석해야 합니다.

팔란티어는 TAM(시장 잠재력)과 영업 레버리지Operating Leverage의 관점에서 접근해야 비로소 그 진정한 가치가 드러납니다.

소프트웨어 기업의 가치평가 — TAM과 영업 레버리지

(1) TAM: 시장의 크기만큼 성장한다

기업의 가치는 현재의 실적보다 얼마나 크게 성장할 수 있는가에서 결정됩니다. 그 성장의 상한선을 정하는 개념이 바로 TAMTotal

Addressable Market입니다.

TAM은 한 기업이 이론적으로 도달할 수 있는 전체 시장의 규모를 뜻하며, 성장주의 밸류에이션에서는 성장 잠재력의 상한선Cap을 설정하는 기준점이 됩니다. 시장이 좁다면 아무리 효율적인 모델이라도 성장 여력은 한계에 부딪힙니다.

과거 산업에서는 TAM이 비교적 고정된 값으로 인식되었습니다. 하지만 소프트웨어·AI 산업은 기술의 발전이 새로운 수요를 창출하면서, 시장 자체의 크기를 지속적으로 확장시킵니다. 클라우드, 데이터 분석, AI 인프라 산업은 초기에 정부·대기업 중심의 수요로 시작했지만 지금은 전 산업군의 디지털 전환을 견인하는 핵심 인프라로 자리 잡았습니다. 이러한 특성 때문에 TAM은 단순한 시장 크기가 아니라 기술이 어느 영역까지 확장될 수 있는지를 가늠하는 바로미터로 작용합니다.

팔란티어는 확장형 TAM을 가장 잘 보여주는 대표적인 기업입니다. AIP 출시 이후 정부·국방 중심의 사업 구조에서 의료, 에너지, 제조, 금융 등 민간 산업 전반으로의 확장이 가속화되고 있기 때문입니다.

팔란티어의 TAM은 특정 산업에 국한되지 않습니다. 데이터가 존재하는 모든 곳이 잠재 시장이 되며, 결과적으로 의사결정 인프라로 기능하는 범용적 플랫폼으로 자리 잡고 있습니다. 이 점이 다른 SaaS 기업과의 본질적인 차이입니다. 세일즈포스가 CRM(고객관리), 스노우플레이크가 데이터 저장·분석이라는 한정된 영역을 다루는 반면, 팔란티어는 데이터 기반 의사결정의 전 과정을 지원합니다. 시장의 경계가 아니라 데이터의 존재가 시장을 정의하기 때문에, 팔란티어의 TAM은 경계가 없습니다.

또한, TAM은 크기만으로는 해석이 완성되지 않습니다. 시장 안에서 얼마나 깊이 침투해 있는지, 그리고 한 고객 안에서 사용 범위를 얼마나 더 넓혀갈 수 있는지도 함께 고려해야 합니다.

팔란티어는 특히 기존 고객의 사용 범위가 부서·계열사 단위로 확산되는 '기존 고객 내 확장'이 활발히 이루어지고 있습니다. 이러한 흐름은 신규 고객 확보보다 효율적으로 매출 성장률을 높이는 구조이자, 시장 자체의 성장을 동반한 전략적 확장 모델입니다.

결국 팔란티어의 밸류에이션은 재무제표보다 TAM의 확장 속도와 방향성에서 출발해야 합니다. DCF 모델이나 PEG 같은 전통적 방식으로는 포착할 수 없는 기술이 시장의 크기를 다시 쓰는 과정을 설명하기 때문입니다.

TAM의 확장은 단순히 기회의 크기가 아니라, 팔란티어의 플랫폼이 얼마나 많은 산업에서 데이터 기반 의사결정의 표준으로 자리 잡을 수 있는지를 보여줍니다.

(2) 영업 레버리지: 수익의 가속 엔진

TAM이 성장의 크기를 결정한다면, 영업 레버리지Operating Leverage

는 그 성장으로 얼마나 빠르게 돈을 버는지를 결정합니다.

영업 레버리지는 매출이 늘 때 고정비는 거의 변하지 않아 영업이익이 매출보다 더 빠르게 증가하는 현상을 뜻합니다. 공식으로 표현하면 다음과 같습니다.

영업 레버리지 정도Degree of Operating Leverage, DOL

= 영업이익 증가율 ÷ 매출 증가율

이 비율이 1을 지속적으로 상회하면, 기업은 이미 '레버리지 구간'에 진입한 것입니다.

손익분기점을 넘어서면 매출이 10% 증가할 때 이익은 20%, 30% 이상 증가하는 이익 가속 효과가 나타나며, 그 시점부터 성장의 기울기는 완전히 달라집니다. 이 구간은 단순히 효율이 개선된 것이 아니라, 고정비가 본격적으로 순이익으로 전환되기 시작하는 임계점이 열렸다는 신호입니다.

소프트웨어 산업은 영업 레버리지가 가장 뚜렷하게 나타나는 산업입니다. R&D, 인프라, 플랫폼 구축과 같은 고정비는 초기에 집중적으로 투입되지만, 시스템이 한번 완성되면 추가 고객이 늘어나도 변동비는 거의 증가하지 않습니다. 그 결과 매출이 커질수록 고정비 비중은 전체 비용에서 빠르게 희석되고, 손익분기점 이후의 추가 매출은 높은 마진으로 반영됩니다.

이 수익 모델을 전형적으로 보여주는 사례가 아마존의 AWS와 팔란티어의 AIP입니다.

팔란티어의 영업 레버리지

팔란티어의 영업 레버리지는 더 이상 잠재력이 아니라 실적으로 입증된 단계에 들어섰습니다. 2022년까지는 매출이 증가했음에도 비용이 함께 늘어 마진 개선이 제한적이었지만, 지금은 매출이 늘 때 이익이 더 빠르게 확대되는 구간에 진입했습니다.

초기의 팔란티어는 온프레미스On-Premise 방식으로 고객사별 맞춤형 플랫폼을 구축했습니다. FDEForward Deployed Engineer가 직접 현장에 상주하며 개발과 운영을 수행했습니다.

매출이 늘어도 인건비가 같은 속도로 증가해 수익성 개선이 뒤따르지 못했고, 고객 확대 역시 비용 증가로 이어지며 규모의 경제가 실현되기 어려웠습니다.

그러나 2021년부터 2023년 사이, 팔란티어는 파운드리·아폴로·AIP를 통해 기존 온프레미스 중심의 운영 방식을 클라우드 기반 SaaS 모델로 확장했습니다. 운영 자동화가 가능해지면서 유지보수 효율이 크게 향상되었고 표준화된 모듈을 여러 고객이 재사용할 수 있는 체계가 마련되었습니다.

FDE 투입비용은 점차 줄었고 구독형 모델 확대로 반복 매출의 비중이 커지며 수익 구조는 보다 안정적인 형태로 전환되었습니다. 같은 인력과 인프라로 훨씬 많은 고객과 워크로드를 감당할 수 있는, '비용이 늘지 않는 성장'이 현실화된 것입니다.

◆ 비즈니스 모델의 전환 비교

구분	과거(On-Premise)	현재(SaaS / Foundry·AIP)
매출 형태	일회성 프로젝트 중심	구독형 반복 매출
비용 구성	인건비 중심	고정비 중심
확장 방식	고객별 커스터마이징	모듈 재사용
마진 흐름	매출·비용 동반 상승	매출 증가 대비 비용 완만
결과	비효율적 모델	레버리지 실현

팔란티어는 이제 매출의 증가보다 이익의 확장이 더 가파르게 전개되는 영업 레버리지 구간에 들어섰습니다.

팔란티어의 수익성 개선은 파운드리와 AIP의 설계 방식에서도 비롯됩니다. 이 플랫폼들은 구축 이후 고객 내부에서 자율 운영이 가능할 만큼 안정화되어, 도입 후 2~3년 차부터는 팔란티어 측의 FDE 인건비 투입이 급감합니다. 또한 AI가 FDE의 주요 업무(데이터 연결, 워크플로우 설정, 모델 설계)의 일부 단계를 자동화하면서 추가 인력 투입이 줄고, 단위 원가 역시 낮아졌습니다. 결과적으로 비용보다 매출의 증가 폭이 커지면서, 수익성 개선이 가속되고 있습니다.

민간 시장으로의 확장은 이 효과를 더욱 강화하고 있습니다. 정부 중심의 수익 구조에서 의료·에너지·제조·금융 등으로 시장이 넓어지며 고마진 SaaS 매출의 비중이 빠르게 커지고 있습니다.

특히 기존 고객 내 확장이 활발해 부서·계열사 단위로 파운드리, AIP의 사용 범위가 확산되고 있습니다. 팔란티어는 이를 업셀링과 크로스셀링 전략으로 연결해, 한 고객 안에서 반복 매출과 신규 매출이 동시에 누적되는 고품질 수익 구조를 만들고 있습니다.

이러한 내부 확장은 신규 고객 확보보다 훨씬 낮은 비용으로 매출을 확대하며, 팔란티어의 수익 구조를 더욱 견고하게 만들고 있습니다. 팔란티어는 이제 매출이 늘어날수록 비용이 따라붙던 과거의 한계를 벗어나며, 본격적인 이익 성장 궤도에 올라섰습니다.

내부자 매도와 주가 희석 우려

고밸류에이션과 함께 팔란티어의 리스크로 자주 거론되는 주제는 내부자 매도입니다. 특히 CEO 알렉스 카프의 정기적인 보유주 매도는 단기적으로 주가 변동을 불러왔고, 이후 투자자들 사이에서는 곧바로 FUD라는 부정적인 내러티브로 이어졌습니다.

FUD란 공포Fear, 불확실성Uncertainty, 의심Doubt의 약자로, 사실 자체보다 투자 심리를 흔드는 서사를 뜻합니다. 팔란티어의 경우 내부자가 주식을 매도하면 곧바로 '회사의 미래를 신뢰하지 않는다'는 단순화된 논리로 해석되는 경향이 있었고, FUD의 전형적 사례로 소비되었습니다.

그러나 팩트로 보면 이야기는 달라집니다. 알렉스 카프의 매도는 대부분 SEC에 사전 등록된 규정 10b5-1 트레이딩 플랜에 따라, 미리 정한 일정·조건에 맞춰 자동 실행된 매도입니다. SEC 규정 10b5-1 트레이딩 플랜은 미국 증권거래위원회SEC가 내부자 거래 논란을 방지하기 위해 도입한 제도입니다. 기업의 CEO나 CFO처럼 비공개 정보에 접근할 수 있는 내부자가 자사 주식을 매도할 때, 시장에 부정적 신호를 주거나 사익을 취했다는 오해를 피하기 위한 장치입니다.

경영진이 주식 매도 전, 일정·가격·수량 등의 조건을 미리 등록해야 하며, 일단 계획이 승인되면 이후에는 시장 상황이나 개인 판단과 무관하게 자동으로 거래가 실행됩니다. 예를 들어 "앞으로 6개월 동안 주가가 일정 수준 이상이면, 매월 일정 수량을 매도한다"는 식으로 설정해 두면, 해당 조건이 충족될 때 시스템이 자동으로 거래를 수행합니다. 따라서 알렉스 카프의 매도 역시 회사의 전망이나 주가의 흐름에 따라 임의로 결정된 것이 아니라, 대부분 수개월 전 사전에 계획된 매도 일정이 자동으로 실행된 결과입니다.

이러한 절차적 매도는 경영진의 의중을 반영한 신호라기보다, 미리 정해진 행정 절차의 이행으로 보는 것이 타당합니다. 실제로 시간이 지나면서 시장은 이 패턴에 익숙해졌고, 최근에는 단기적 변동성도 한층 줄어들었습니다.

무엇보다 내부자 매도는 팔란티어의 장기 성장 방향을 결정짓는 요인이 아닙니다. 회사는 이미 실적으로 시장의 의구심을 반박해왔으며, 내부자 매도는 본질적 리스크로 보기는 어렵습니다.

팔란티어의 장기적 가치를 위협하는 리스크는 오히려 다른 지점에서 드러납니다. 과거 스톡옵션을 중심으로 한 주식 기반 보상SBC을 적극 활용하며 유통 주식 수가 크게 증가했고, 그에 따라 주가 희석 우려가 제기되었습니다. 최근에는 자사주 매입과 신규 스톡옵션 축소 등으로 리스크를 완화하려는 기조가 분명해졌지만, 여전히 모니터링이 필요한 요소입니다.

"지금 들어가도 될까?"라는 질문에 대한 답은, 밸류에이션 자체보다 실적의 지속 가능성에 달려 있습니다. PER 342배라는 숫자 속에는 미래에 대한 기대가 반영된 만큼, 실적이 그 기대를 충족할 수 있을지가 핵심입니다.

팔란티어가 어닝서프라이즈 행진을 이어가고, AIP 중심의 민간 확장·마진 개선·희석 축소·글로벌 매출 다변화가 병행된다면, 시장은 현재 프리미엄의 정당성을 재평가할 수 있습니다. 반대로, 실적이 기대에 미치지 못하거나 희석 리스크가 반복될 경우, 고밸류에이션은 조정의 트리거가 될 수 있습니다.

2 정부 의존도: 해자이자 리스크

팔란티어는 국방부, CIA, FBI, HHS(보건부) 등 미국 정부 핵심 기관들과의 협업을 통해 기술력을 입증해왔습니다. 단순한 고객-공급자 관계를 넘어선 이 긴밀한 파트너십은 '관계형 해자Relationship Moat'로 작용하며, 민간 기업이 쉽게 넘볼 수 없는 강력한 진입장벽이 되었습니다.

이러한 정부와의 협업 이력은 팔란티어의 보안 역량과 브랜드 신뢰도를 증명하는 근거이자, 민간 시장에서는 강력한 레퍼런스로 작용합니다. 단순한 수주 이력 그 이상으로, 기술적 신뢰를 단번에 확보하는 훈장과도 같습니다.

그러나 이 구조는 양날의 검입니다. 정부 계약은 규모가 크고 기간이 길다는 장점이 있지만, 특정 고객군에 과도하게 집중된 매출 구조는 잠재적 리스크가 될 수 있습니다. 실제로 2020년 이전 팔란티어의 매출 중 절반 이상이 정부 부문에서 발생했으며, 이 같은 의존도는 시장에서 성장성의 한계 혹은 정책 변수에 따른 취약점으로 지적되어왔습니다.

특히 정부 예산 축소, 정권 교체, 지정학적 변수 등은 수주 흐름에 민감하게 작용하며, 이러한 요소들은 곧 장기적인 매출 안정성에 대한 의문으로 이어질 수 있습니다. 팔란티어도 이러한 한계를 인식하고 있으며, 파운드리 및 AIP의 SaaS화 전략을 통해 민간 매출 비중 확대에 박차를 가하고 있습니다.

이 전략은 수치로도 입증되고 있습니다. 2025년 2분기 기준 미국 기업 부문 매출은 전년 대비 약 93% 성장했으며 이러한 수치는 팔란티어가 정부 매출에 편중된 구조에서 점차 벗어나 수익 모델을 다변화하고 있음을 분명히 보여줍니다.

결국 정부와의 협력은 기술 신뢰를 상징하는 해자이자, 정책 변수에 민감한 리스크입니다. 팔란티어는 이 딜레마 속에서 민간 시장의 확장성과 산업 전반에 적용 가능한 기술력을 입증하며, 정부 의존도를 줄이고 있습니다.

3 프라이버시 및 규제 리스크

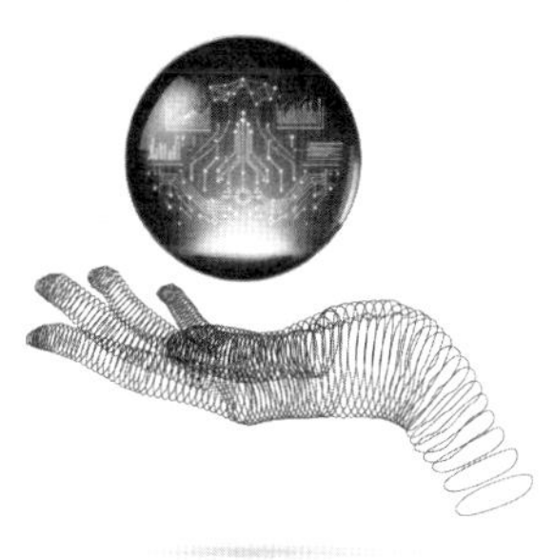

팔란티어는 민감한 데이터를 다루는 기업입니다. 데이터 보호에 대한 신뢰는 곧 브랜드 가치와 직결되며, 단 한 건의 유출 사고만으로도 고객사 이탈이나 정부 계약 해지로 이어질 만큼 치명적입니다. 보안은 단순한 기술이 아니라, 비즈니스의 존립을 좌우하는 생명선입니다.

팔란티어는 '고객의 데이터를 회사가 직접 열람하지 않는다'는 원칙 아래 보안 경계 모델Security Boundary Model을 구축했습니다. 이 모델은 고객 데이터 분석 기능은 제공하지만 팔란티어 직원의 원문 데이터에 대한 접근은 설계 단계에서 제한되어 있으며, 모든 접근은 사전에 승인된 권한 체계로 관리됩니다. 고객 데이터는 고객사의 온프레미스 서버 또는 전용 클라우드에만 저장되며, 팔란티어는 분석 도구와 시각화 툴만 제공합니다.

예를 들어, 미 국방부가 파운드리를 사용하더라도 데이터는 국방부 내부 시스템에 저장되고, 팔란티어는 그 위에서 작동하는 소프트웨어만 제공합니다. 팔란티어는 해당 인프라에 기술적으로 접속할 수 있지만, 데이터 원문에 대한 탐색·열람·저장 행위는 고객 승인과 감사 추적 하에서만 허용됩니다.

이러한 체계는 단순한 접근 제한이 아닌 기술 신뢰성을 고려한 설계입니다. AI 및 데이터 활용에 대한 국내외 규제 강화 국면에서도 방패 역할을 합니다. 특히 EU의 GDPR, 미국의 데이터 투명성법, AI 관련 규제 등 글로벌 차원의 법적 기준이 강화되고 있는 상황에서, 팔란티어의 플랫폼은 이미 이러한 변화에 미리 대응할 수 있도록 설계되어 있습니다. 사후 대응이 아닌, 초기 단계부터 규제 환경을 반영해 설계된 플랫폼이라는 점이 결정적인 차이를 만듭니다.

무엇보다 팔란티어는 설립 초기부터 데이터를 무단으로 판매·수집·추출하지 않는다는 원칙을 명확히 해왔습니다. 2020년 뉴욕증권거래소 상장을 앞두고 제출한 Form S-1 서한에서 CEO 알렉스 카프는 다음과 같이 밝혔습니다.

"처음부터 우리는 데이터를 판매·수집·무단 추출하라는 요구를 거듭 거절해왔습니다."

– 2020년 CEO 알렉스 카프 서한, 미국 증권거래위원회(SEC) 제출 Form S-1 등록 서류

이 발언은 단순한 비즈니스 정책이 아니라, 팔란티어의 기술 개발과 고객 계약 전반에 적용되는 핵심 윤리 원칙입니다. 이후 제출된 Form 10-K 연차 보고서(2021, 2022)에서도 데이터 상업화 거부 입장을 명시하며, 데이터 활용을 철저히 승인된 목적 안에서만 제한해 왔습니다.

그러나 이러한 철학이 모든 논란을 잠재우지는 못했습니다. 팔란티어는 이민세관단속국ICE, 경찰 기관 등과의 협업으로 인해 시민단체의 소송 제기, 내부 파트너사 기술자들의 노동 거부, 계약 반대 청원 등 여러 차례 사회적 비판에 직면해왔습니다.

◆ **실제 논란 사례**

연도	사례	내용
2020	NHS 계약 논란	영국 시민단체가 거버넌스 리스크를 지적하며 법적 대응 예고
2019	ICE 협업 항의	미국 이민정책 집행 지원 논란으로 일부 파트너사 기술자들이 업무 거부 선언
2018	경찰 수사 AI 논란	미국 내 경찰 기관과의 협업이 'AI를 통한 인종 편향 강화'로 이어질 수 있다는 우려 제기

▲ 자료: Foxglove, OpenDemocracy 등 주요 NGO 보고서 종합

이처럼 팔란티어는 보안과 감시의 경계선에 서 있는 기업이며, 프라이버시 논란은 앞으로도 반복될 가능성이 큽니다. 특히 AI 거버넌스와 데이터 규제가 강화될수록, 기술적 설계를 넘어서는 사회적 책임이 더욱 중요해질 것입니다. 플랫폼의 투명성을 높이고, 언론의 오해를 전략적으로 해소하는 커뮤니케이션 역량이 중장기 리스크를 완화할 핵심이 될 것입니다.

4 확장성 제약 및 경쟁 심화

팔란티어는 고객의 조직 운영과 데이터 흐름, 실질적인 의사결정 환경까지 깊이 반영한 컨설팅형 맞춤 데이터 분석 솔루션을 제공합니다. 고객 맞춤 설계를 위해 긴밀한 협업을 전제로 하며, 이러한 밀착 구조는 정밀한 성능을 보장하는 대신 도입하는 데까지 상당한 시간이 소요됩니다.

또한, 도입 초기에는 팔란티어의 FDEForward Deployed Engineer가 직접 현장에 투입되어 시스템을 구축하고 최적화하기 때문에, 완전히 자동화된 SaaS 제품에 비해 운영 효율성과 확장성 측면에서 불리하다는 평가를 받기도 합니다.

이러한 특성은 기업용 AI 플랫폼 시장에서 새로운 변수로 작용하고 있습니다. 최근 마이크로소프트, 구글, 아마존, 세일즈포스 등 빅테크 기업들이 기업용 AI 솔루션 시장에 본격적으로 진입하면서, 경쟁 구도가 빠르게 바뀌고 있기 때문입니다. 이들은 대규모 고객 기반과 강력한 생태계를 바탕으로, 팔란티어의 핵심 시장인 AI 플랫폼 영역에서 직접적인 경쟁자로 부상하고 있습니다.

빅테크의 AI 플랫폼 시장 진입

현재 팔란티어 AIP와 비슷한 성격의 플랫폼들이 빅테크를 중심으로 빠르게 확산되고 있습니다.

- **마이크로소프트**: Copilot, Power Platform, Azure Synapse Analytics 등 자사 클라우드와 업무 생태계 전반에 AI 기능을 내재화
- **구글 클라우드**: Vertex AI, Gemini Enterprise, BigQuery
- **아마존 AWS**: Bedrock(생성형 AI 허브), SageMaker(머신러닝 개발·배포 플랫폼), AWS for Industries(산업별 AI 솔루션)
- **세일즈 포스**: Einstein / Agentforce(구 Einstein Copilot)

이들은 자체 클라우드 인프라와 AI 모델, B2B SaaS 생태계를 결합해, 팔란티어가 제공해온 AI 분석·통합 기능과 비슷한 플랫폼을 신속히 구축하고 있습니다.

왜 팔란티어에 위협이 되는가

팔란티어 AIP는 복잡한 의사결정을 지원하는 고성능 플랫폼이지만, 과거 온프레미스 중심 아키텍처의 한계로 클라우드 네이티브 생태계 통합성에서는 다소 불리한 평가를 받아왔습니다. 다만 최근에는 멀티클라우드 호환성과 SaaS화 전략을 강화하며 이러한 제약을 빠르게 해소하고 있습니다.

마이크로소프트365Microsoft 365나 구글 워크스페이스Google Workspace 등 기존 클라우드 생태계에 익숙한 대기업 고객 입장에서는, 새로운 시스템을 도입하기 위해 추가적인 비용과 시간을 투입하기보다, 이미 사용하고 있는 플랫폼 안에서 AI 기능을 확장하는 쪽을 선택할 가능성이 높습니다.

이 과정에서 팔란티어의 잠재 고객이 도입 문턱에서 빅테크 제품으로 이탈할 수 있는 리스크가 현실화되고 있습니다.

팔란티어의 대응 전략

팔란티어는 AIP를 통해 AI 기반 실시간 의사결정 플랫폼 시장에서 독보적인 기술 우위를 확보해왔습니다. 그러나 최근 빅테크 기업들의 공격적 진입으로 시장의 주도권이 분산되고, 경쟁 구도 역시 빠르게 다변화되고 있습니다.

빅테크 기업들은 이미 AI 기술, 클라우드 인프라, SaaS 플랫폼을 모두 갖춘 상태에서 진입하고 있어, 팔란티어는 이제 기술적 우위만으로는 부족한 환경에 이르렀습니다. 이제 시장은 브랜드 신뢰, 사용자 경험, 생태계 호환성, 가격 정책 등 비기술적 경쟁력까지 요구하고 있는 상황입니다.

팔란티어는 이러한 경쟁 환경에 대응하기 위해 SaaS화를 지향하는 플랫폼 전략을 강화하고 있습니다. 아폴로를 통해 소프트웨어 업데이트를 자동화하고, 고객 맞춤형 환경에서도 SaaS에 준하는 배포 속도와 편의성을 점점 더 확보해 나가고 있습니다.

여기에 AIP 부트캠프Bootcamp를 도입해, 고객이 최소한의 안내만으로도 직접 AIP를 실습·도입할 수 있도록 설계했습니다. 이를 통해, 초기 진입 장벽을 낮추고 도입 속도를 끌어올리고 있습니다.

AIP 부트캠프

AIP 부트캠프는 참여 기업이 팔란티어 AIP를 단기간 내 직접 체험할 수 있도록 구성된 집중 실습형 온보딩 프로그램입니다. 복잡한 기술 지원 없이도 누구나 AIP 환경에 접속해, 실제 업무 데이터를 기반으로 AI 워크플로우를 설계하고 실행해볼 수 있습니다. AIP 부트캠프는 다음과 같은 특징을 갖추고 있습니다.

(1) 단기 집중 실습

복잡한 개발 지식 없이도 누구나 참여할 수 있으며, 실제 업무 데이터를 반영한 데모 환경에서 5일 내외의 단기 실습이 이루어집니다.

(2) 실습형 세션Hands-on Workshop

참가자들은 강의를 수동적으로 듣는 대신, 팔란티어의 엔지니어와 AI 전문가와 함께 실시간으로 문제를 해결하고 코드를 작성하며, 플랫폼을 직접 다뤄보는 실습 중심의 세션에 참여합니다.

(3) 산업별 표준 템플릿

제조, 물류, 금융, 공공 등 주요 산업군에 특화된 업무 시나리오가 내장되어 있으며, 수요 예측, 재고 최적화, 이상 탐지 등 실용적이고 검증된 AI 활용 사례를 제공합니다.

(4) 실전 전환 구조: PoC에서 전사 도입으로

부트캠프 종료 후, 많은 기업이 시범 적용PoC을 거쳐 단일 부서에서 검증한 시스템을 회사 전반에 적용하는 전사 도입 단계로 확장합니다. 이 과정은 과거 IT 부서가 벤더를 선정하고 현업에 일방적으로 배포하던 탑다운Top-down 방식과 다릅니다.

현업 부서가 주도적으로 참여해 문제를 정의하고 직접 솔루션을 설계하는 바텀업Bottom-up 방식을 채택합니다. 실사용자가 스스로 PoC를 수행하며 효과를 검증하고, 그 결과를 근거로 전사 확산이 이루어집니다.

(5) 현업 주도 구조

AIP 부트캠프는 'IT 부서가 아닌 현업 부서에서 시작하는 AI'라는 새로운 내러티브를 만들어가며, 도입 과정 전반의 효율성과 속도를 실질적으로 높이고 있습니다.

이 과정의 핵심은 운영 성과 개선을 통해 높은 ROI를 창출하는 것과 현업 사용자의 만족도입니다. AIP 부트캠프는 현업 부서가 직접 참여해 실제 비즈니스 문제를 해결하고, 측정 가능한 성과와 경제적 가치를 창출하도록 설계되어 있습니다. 이 과정에서 사용자는 솔루션이 자신의 업무를 실질적으로 효율화하고 있음을 직접 체감하게 됩니다.

이 프로그램은 AIP가 '복잡한 고급 솔루션'이라는 기존 인식을 허물고, 도입 허들을 대폭 낮추는 전략적 도구로 작용합니다. 부트캠프는 AIP를 일주일 내 도입 가능한 실용 솔루션으로 인식시키고, 비테크 대비 느린 도입 속도와 인력 의존도를 상쇄하는 핵심 역할을 합니다.

AIPCon: 광고보다 강력한 효과

팔란티어는 부트캠프뿐 아니라 정기 행사 AIPCon을 통해서도 AIP 확산 전략을 이어가고 있습니다. 2023년부터 열린 AIPCon은 실제 기업 현장에서 어떻게 AIP가 쓰이고 있는지를 입증하는 무대로 발전해왔습니다.

이번 행사에서는 AIG, 씨티, 텔레트래킹TeleTracking, 볼트Bolt, 헤르츠Hertz 등 글로벌 기업들이 직접 무대에 올라, 업무 속도 향상·운영 효율 개선·문제 해결 사례 등 AIP를 통해 거둔 구체적 성과를 발표하며 그 변화를 입증했습니다.

이제 AIPCon은 단순한 데모나 개념 소개가 아니라, 실제 고객 사례를 통해 검증된 실용적 인사이트를 제공하는 행사로 자리 잡았습니다. 이 행사에 참가하는 기업들은 어떤 대가도 받지 않고 자발적으로 참여하며, 그들이 발표하는 내용은 대부분 극적인 성과와 변화를 보여줍니다.

이 무대에서 공개되는 사례들은 팔란티어에게 광고 이상의 파급력을 제공합니다. 그래서 업계에서는 "팔란티어를 알고 싶다면, 써본 기업에게 물어보라"는 말이 나올 정도로 AIPCon은 신뢰 기반의 가장 강력한 홍보 채널로 평가받고 있습니다. 부트캠프가 '체험의 장'이라면 AIPCon은 '증명의 장'입니다. 기업들은 단순히 AIP를 도입하는 데 그치지 않고, 그 성과를 대외적으로 공개함으로써 AIP 생태계의 신뢰도를 한층 더 높이고 있습니다.

팔란티어는 깊이 있는 맞춤 설계를 유지하면서도 빠른 확산을 가능하게 하는 플랫폼화 전략으로 전환을 시도하고 있습니다. 이 전환이 성공적으로 완성되느냐가 AIP의 성패를 좌우합니다.

팔란티어가 지키고자 하는 것은 정밀함이고, 시장이 요구하는 것은 속도입니다. 이 상반된 가치를 하나의 플랫폼 안에 담아내는 순간, AIP는 진짜 게임체인저가 됩니다.

지금까지는 맞춤 제작이었고, 이제부터는 조립식이다. 팔란티어는 정밀함을 그대로 유지한 채, 속도라는 무기를 장착하고 있다.

지정학적 확장 제약

팔란티어는 '민주주의를 방어하는 기술 기업'이라는 정체성을 바탕으로, 중국·러시아 등 권위주의 국가와의 거래를 일관되게 배제해왔습니다.

이러한 방향성은 미국 정부 및 동맹국과의 신뢰 관계를 강화하는 레퍼런스 효과를 만들어내지만, 반대로 비민주국 시장에서는 진입이 제한되는 한계로 이어집니다. 지정학적 노선을 명확히 함으로써, 팔란티어는 미국 정부와 파이브 아이즈Five Eyes 동맹국(영국·캐나다·호주·뉴질랜드)을 비롯한 주요 우방국과의 신뢰를 공고히하며 '관계형 해자'를 한층 더 강화하고 있습니다.

다만 이러한 지정학적 노선은 결과적으로 미국 정부 중심의 계약 구조와 기술 수출 규제 등 지정학적 요인과 맞물려, 일부 시장 확장을 제약하는 요인으로 작용하고 있습니다.

팔란티어는 기술보다 구조에 내재한 근본적 리스크를 직시하며, 고밸류에이션과 정부 의존이 지닌 양면성을 회피하지 않고 정면으로 받아들이고 있습니다.

해자의 반대편에는 언제나 리스크가 존재하며, 그 리스크를 감내할 수 있는 기업만이 기술의 실질적 소유자가 될 수 있습니다.

1 관세 피난처 기업: 지정학적 레버리지의 승자

2 AI 시대의 경쟁력

3 팔란티어, 무게중심을 옮기다: 정부에서 민간 시장으로

4 견고한 재무 구조, 전략을 밀어붙이는 힘

5 팔란티어의 TAM: 데이터가 있는 모든 곳이 시장이다

chapter 7

팔란티어의 미래가치

알렉스 카프는 최근 주주서한에서

"지금은 여전히 시작일 뿐이며,

첫 장의 첫 순간에 불과하다"라며,

지금이 바로 팔란티어의 본격적인 출발선임을 선언했습니다.

높은 밸류에이션, 확산 속도의 한계, 정부 의존도 등은
모두 투자자 입장에서 결코 간과할 수 없는 리스크입니다.
보수적 시각에서 본다면 섣불리 접근하기 어려운 기업으로 보일 수도 있습니다.
그러나 모든 리스크는 그 반대편에 기회를 품고 있습니다.
팔란티어가 현재 '어디에 있는가'보다,
앞으로 '어디로 향하고 있는가'를 본다면 이야기는 달라집니다.
지금 이 기업은, 여전히 매수할 만한 종목일까요?
이번 장에서는 그 질문에 대한 답을 드리고자 합니다.
지정학적 리스크, AI 기술의 난립, ESG 기반 규제 등
복합적인 외부 변수들이 교차하는 지금, 팔란티어는 예외적으로
방향성이 분명하고 예측 가능한 포지셔닝을 갖춘 기업입니다.
그리고 바로 그 점이 지금 이 회사를 다시 살펴봐야 하는 이유가 됩니다.
지금까지는 가능성을 입증해온 회사였습니다.
이제부터는 어디까지 갈 수 있는지가 검증될 구간입니다.
기술과 철학은 이미 보여줬고,
마지막 답은 견고한 펀더멘털과 성장 동력에 있습니다.
마지막까지 읽고 나면, 팔란티어에 대한 투자 판단은 분명해질 것입니다.

1 관세 피난처 기업: 지정학적 레버리지의 승자

팔란티어는 미·중 기술 패권 전쟁 속에서 관세 리스크, 공급망 충격, 수출 통제 등 지정학적 변수에 거의 노출되지 않은 드문 기업입니다. 중국과 일체의 비즈니스 관계가 없는 몇 안 되는 미국 기술 기업이며, 공급망은 물론 고객군까지 철저히 미국과 주요 우방국 중심으로 구성되어 있습니다.

단순히 '중국 매출 비중이 낮다'는 차원이 아니라, 애초에 가치 기준에 따라 중국을 시장으로 고려조차 하지 않았다는 점에서 본질적인 차이를 보입니다.

팔란티어는 ‘민주주의를 방어하는 기술 기업’이라는 정체성을 바탕으로, 중국·러시아 등 권위주의 국가와의 거래를 일관되게 배제해왔습니다. 이러한 방향성은 앞서 투자 리스크 파트에서 설명했듯, 비민주국 시장 진출에 제약을 가져오는 한계로 작용합니다.

하지만 미국 중심의 안보 동맹국들의 입장에서는 이를 강력한 신뢰의 증거로 인식합니다. ‘누구와 일하지 않았는가’가 ‘누구와 함께할 수 있는가’를 결정하는 시대, 팔란티어는 이러한 가치의 일관성만으로도 미국 정부 및 동맹국의 기술 파트너로서 독보적인 지위를 확보하고 있습니다. 이러한 가치의 일관성에서 비롯된 신뢰는 국가 안보 수요가 급증하는 지정학적 환경 속에서 팔란티어가 선택받는 배경이 됩니다. 이는 리스크인 동시에 팔란티어가 누릴 수 있는 가장 강력한 레버리지입니다.

글로벌 공급망 재편과 기술 디커플링이 가속화될수록, 각국은 중국 연계 리스크가 없는 벤더를 선호하게 됩니다. 팔란티어는 애초부터 중국을 거래선에서 배제했고, 데이터가 고객사 네트워크 안에서 처리·통제되도록 플랫폼을 설계해 데이터 주권과 수출 통제 요건을 충족하기 쉽습니다. 따라서 지정학적 리스크가 커질수록 안정적인 대체 파트너로서의 매력이 높아집니다.

국방 기술 내재화, 보안 신뢰성 확보, 데이터 주권이 중요해지는 흐름 속에서, 팔란티어는 단순한 기술 기업이 아닌 ‘지정학을 내재화한 기업'으로 평가받고 있습니다. 지정학적 불확실성이 확대될수록, 미국 정부 및 동맹국은 신뢰 가능한 파트너를 더욱 엄격하게 선별하게 되며, 그 과정에서 팔란티어의 포지셔닝은 관세 회피와 보안 수요 확대라는 이중 수혜를 누릴 가능성이 높습니다.

2
AI 시대의 경쟁력

AI는 지금 메가트렌드 그 자체입니다. 오픈AI[OpenAI], 구글[Google], 메타[Meta]는 생성형 AI 중심의 B2C 생태계를, 마이크로소프트[Microsoft], AWS는 B2B 기반 솔루션을 빠르게 확장하고 있으며 전 세계 기업들은 앞다투어 AI 도입을 선언하고 있습니다.

하지만 시장은 점차 기술 과잉과 차별성 부족이라는 초기 산업의 전형적인 포화 국면으로 접어들고 있습니다. 유사한 플랫폼이 쏟아지면서 이제 'AI를 도입했다'는 사실만으로는 더 이상 경쟁력을 확보하기 어렵습니다.

이 가운데 팔란티어는 단순한 생성형 AI가 아니라 '의사결정형 AI'라는 독자적 포지셔닝을 구축해, AI 메가트렌드 속에서도 희소성을 확보하고 있습니다.

팔란티어의 AIP는 데이터 통합, 온톨로지 기반 해석, 워크플로우 실행까지 하나의 흐름으로 연결되도록 설계되어 있습니다. 이 수직 통합 구조 덕분에 AI 판단이 실제 업무 현장, 즉 '라스트 마일Last Mile'까지 자연스럽게 이어질 수 있습니다.

또한 엔터프라이즈 AI(기업 전용 B2B AI 플랫폼) 시장에서도 가치 사슬의 중심에 위치한 모델로 평가받고 있습니다. 기술팀이 아닌 현업 부서가 직접 사용할 수 있도록 설계되어, AI 활용이 곧바로 현업 프로세스에 녹아드는 이 실용성이 AIP를 시장에서 독보적으로 만드는 핵심 경쟁력입니다.

AIP 수요는 팔란티어의 미래를 직접적으로 규정합니다. 생성형 AI 경쟁이 포화될수록, 실제 결정을 설계하고 실행하는 '의사결정형 AI'의 수요는 오히려 기하급수적으로 확대될 것입니다. 팔란티어가 구축한 기술 아키텍처와 의사결정 프레임워크는 메가트렌드의 중심에서 성장을 견인하는 결정적인 자산입니다.

3 팔란티어, 무게중심을 옮기다: 정부에서 민간 시장으로

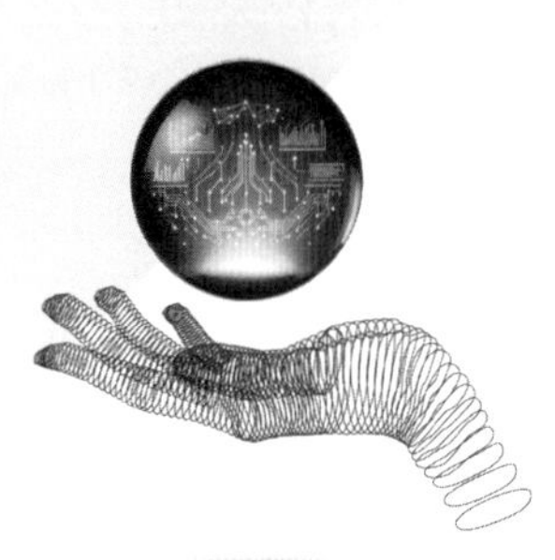

팔란티어는 미국 정부 및 정보기관과의 장기적인 협력 관계를 기반으로 안정적인 매출과 강력한 레퍼런스 자산을 쌓아온 기업입니다. 경기 침체나 지정학적 리스크에도 흔들리지 않는, 실전 검증형 비즈니스 모델을 갖추고 있습니다.

특히 국방·정보기관과의 계약은 최고 수준의 보안과 기술적 역량을 모두 충족해야 하기 때문에, 계약 성사만으로도 기술의 실전 신뢰성이 입증됩니다. 또한, 한 건의 계약 규모 자체가 크기 때문에 단일 거래만으로도 매출에 미치는 영향력이 상당합니다.

그러나 지금의 팔란티어는 더 이상 정부 중심 기업에 머물지 않습니다. 2025년 2분기, 미국 기업 매출은 전년 대비 93% 증가했으며, 산업별 고객 확산도 빠르게 이어지며 민간 시장에서의 성장 속도가 가파르게 상승하고 있습니다.

알렉스 카프는 어닝콜에서 "겸손하라는 조언을 받았지만, 이번 분기의 압도적인 실적에 대해서는 자부심과 감사함을 감출 수 없다"며, 기록적 성과를 시장에 강하게 각인시켰습니다.

팔란티어의 다음 단계는 정부에서 민간으로의 단순 확장을 넘어, 빠른 도입과 대규모 확산이 가능한 구조를 선점해 시장지배력을 확립하는 것입니다.

팔란티어는 기존 맞춤형 컨설팅 솔루션으로 다져진 정밀함을 유지하면서도, SaaS화된 플랫폼과 표준화된 도입 모델로 산업 전반에 빠르게 침투하는 구조를 설계하고 있습니다. 이 전환이 완성될 때, 팔란티어는 독점적 기술력과 민간 시장의 네트워크 효과를 동시에 갖춘 하이브리드 AI 기업으로 자리 잡을 것입니다.

고평가 논란에도 불구하고 정밀 설계·지정학적 포지셔닝·SaaS 전환이라는 삼각축이 살아 있는 한, 시장은 프리미엄을 당분간 회수하지 않을 가능성이 큽니다.

4

견고한 재무 구조, 전략을 밀어붙이는 힘

2025년 2분기 기준, 팔란티어는 약 60억 달러 규모의 현금·현금성 자산 및 단기 미국 국채를 보유하고 있으며, 총자산의 81%를 차지합니다. 빅테크를 포함한 AI 기술 기업 중에서도 드물게 높은 유동성을 확보하고 있으며, 공식적으로 장기 부채가 없는 무차입 경영 기조를 유지하고 있습니다.

이러한 재무 구조는 단기적인 시장 충격이나 비용 급증에도, 외부 자금 조달 없이 독립적으로 대응할 수 있는 재무적 자율성을 뒷받침합니다.

팔란티어는 2023년 이후 잉여현금흐름FCF, Free Cash Flow 흑자 기조를 안정적으로 유지하고 있으며, 이는 매출 성장과 비용 통제가 균형 있게 병행되고 있음을 보여줍니다.

덕분에 R&D 확대, 글로벌 인재 확보, SaaS 플랫폼 전환 등 주요 전략에 있어 자금 여력에 구애받지 않고, 필요한 결정을 밀어붙일 수 있는 구조를 갖추고 있습니다.

특히 AI 패권 경쟁이 본격화되고 있는 현 시점, 팔란티어처럼 유동성과 수익성을 동시에 갖춘 기술 기업은 매우 드뭅니다. 팔란티어는 이례적인 재무 건전성을 기반으로, 위기 상황에서도 흔들리지 않는 실행력을 갖춘 기업으로 재조명되고 있습니다.

대부분의 기술주는 꿈을 판다.

팔란티어는 그 꿈을 실행할 현금과 설계도를 모두 갖춘 기업이다.

5 팔란티어의 TAM: 데이터가 있는 모든 곳이 시장이다

팔란티어를 설명할 때 자주 언급되는 표현 가운데 하나가 "TAM이 큰 기업"이라는 평가입니다. TAM은 기업이 제공하는 제품·서비스가 이론적으로 도달할 수 있는 전체 시장 규모를 뜻합니다. 기업의 성장 잠재력과 한계를 가늠하는 핵심 지표로 널리 쓰입니다.

팔란티어의 플랫폼(파운드리, AIP)은 특정 산업에 특화된 솔루션이 아니라, 데이터를 수집·통합·분석·활용하는 범용 운영체제OS에 가깝습니다. 이 특성 덕분에 국방과 정보기관뿐 아니라 금융, 제조, 의료, 물류, 에너지 등 데이터가 존재하는 거의 모든 산업으로 확장이 가능합니다. 팔란티어의 TAM이 크다고 평가되는 첫 번째 이유가 바로 이 산업 전반을 포괄하는 범용성입니다.

팔란티어는 창업 초기부터 국방과 정부를 주요 고객으로 삼았지만, 최근 들어 기업 부문 매출이 급격히 성장하며 민간 시장의 TAM까지 본격적으로 열리고 있습니다. 공공 부문(국방, 정부)과 민간 부문(AI, 공급망, 금융, 의료)을 동시에 커버할 수 있는 기술 기업은 흔치 않으며 이 점에서 팔란티어의 TAM은 질적으로도, 양적으로도 압도적입니다.

여기에 AIP의 등장은 TAM을 기하급수적으로 확대시킨 핵심 요인으로 꼽힙니다. AIP가 AI를 기업의 실제 데이터와 업무 프로세스에 연결해 활용할 수 있게 하는 플랫폼으로 자리 잡으면서, AI 에이전트와 의사결정 자동화라는 차세대 메가트렌드까지 포괄하게 되었기 때문입니다.

월가의 주요 애널리스트들도 같은 결론을 내립니다. 모건 스탠리Morgan Stanley와 씨티Citi는 팔란티어의 TAM을 '수천억 달러 규모의 시장 기회'로 추산하며, AIP는 사실상 모든 산업군에서 도입 가능하다고 평가합니다.

"팔란티어는 TAM이 큰 기업"이라는 말은, 곧 데이터가 존재하는 모든 산업이 곧 팔란티어의 시장이라는 뜻입니다. 팔란티어는 더 이상 정부 의존적 특수 기업이 아니라 AI 시대의 범용 인프라 기업으로 자리 잡았습니다. 또한 AI 에이전트의 부상은 산업의 경계를 넘어, 산업 간 연결이라는 새로운 시장까지 열고 있습니다. 팔란티어의 TAM은 팔란티어 미래가치의 핵심이며, 장기 투자자들이 붙들어야 할 확신의 근거입니다.

여전히 투자 매력은 유효하다

팔란티어는 여전히 시장의 판을 뒤집는 게임체인저입니다. 관세 리스크와 무관한 드문 기술 기업이자, AI라는 메가트렌드의 중심부에 정교하게 자리 잡았습니다.

정부 계약이 주는 견고한 방어력과 민간 시장 확장에서 오는 폭발적 성장성을 동시에 갖춘, 사실상 유일한 AI 플랫폼 기업입니다. 이 모든 것을 지탱하는 기반은 기술, 현금, 그리고 흔들리지 않는 철학입니다.

모든 기업이 '데이터'에 베팅할 때, 팔란티어는 데이터의 '의미'에 베팅했습니다. 데이터는 복제될 수 있지만, 의미는 독점됩니다. 팔란티어는 데이터를 연결하고, 그 의미로 시장의 방향을 설계합니다.

시장은 늘 확실한 숫자에 베팅하려 하지만, 진정한 승자는 언제나 불확실한 철학에 미리 베팅한 사람입니다. 그리고 팔란티어는, 그 불확실성을 가장 확실한 현실로 바꿔낸 기업입니다.

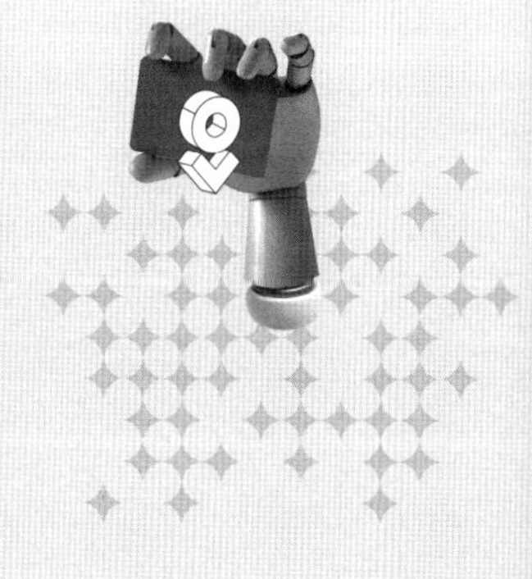

Epilogue

탈고를 앞둔 지금, 팔란티어는 또 한 번 역대급 실적을 발표하며 9분기 연속 어닝 서프라이즈라는 기록을 세웠습니다. 이번 3분기 매출은 무려 11억 8,100만 달러에 이르렀고, 전년 동기 대비 63% 성장하며 사상 최대 실적을 달성했습니다.

알렉스 카프는 "이번 실적은 결코 보통이 아닙니다. 아마 소프트웨어 기업이 지금까지 달성한 결과 중 최고의 성과일 것입니다"라며, 압도적인 성과를 강조했습니다. 특히 미국 기업 부문 매출이 무려 121% 급증한 것은 그동안 팔란티어를 따라다니던 '정부 의존도'에 대한 시장의 우려를 불식시켰습니다. 2분기부터 이어진 이 놀라운 성장세는 AIP가 실질적인 매출 성장의 동력으로 자리 잡았다는 사실을 입증합니다.

그는 주주서한에서 "대부분의 금융 분석가들과 이른바 '떠드는 계층 Chattering class'은 이 성장 속도를 전혀 예상하지 못했습니다"라며, 미국 기업 부문이 금세기 가장 빠르게 성장하는 비즈니스 스토리로 부상하고 있다고 강조했습니다. 팔란티어는 이제 시장의 회의론을 잠재우고 AI 산업의 핵심 레퍼런스가 되고 있습니다.

성장과 수익성의 균형을 보여주는 바로미터라고 할 수 있는 40의 법칙으로는 무려 114%를 기록했습니다. 40의 법칙은 기업의 매출 성장률과 영업이익률을 합산한 지표로, 40% 이상이면 건전하고 균형 잡힌 비즈니스 모델로 평가됩니다.

알렉스 카프는 "보통의 엔터프라이즈 기업이라면 40의 법칙으로 100을 넘을 수 없습니다"라며, 이 수치가 소프트웨어 업계의 통념을 깨는 전례 없는 기록임을 강조했습니다.

팔란티어의 40의 법칙 수치는 엔비디아·메타·TSMC·브로드컴과 함께 최상위 구간에 위치합니다. 이 지표 하나만으로도, 팔란티어가 더 이상 실험적 스타트업이 아니라 빅테크 반열에 진입했음을 입증합니다. 이들과 비교하면 규모는 다르지만, 효율성의 잣대에서는 이미 같은 무대에 서 있습니다. 팔란티어의 40의 법칙 수치가 114%에 달했다는 것은, 단순히 성장만 추구하는 기업이 아니라 수익성까지 동시에 입증한 기업이라는 뜻입니다. 일시적인 분기 호재가 아니라, 이 책 전반에서 다른 전략이 실적으로 검증된 결과임을 보여줍니다.

AI 산업은 지금 '버블인가, 패러다임 전환인가'를 두고 갈라져 있습니다. 엔비디아의 GPU를 중심으로 한 하드웨어 시장은 폭발적인 성장을 이어갔지만, AI 기업 간 상호투자와 돌려막기식 매출이 만든 인위적인 성장 흐름은, 아직은 과열된 생태계라는 인식을 불러왔습니다.

그러나 이번 팔란티어의 실적은 AI 산업이 말뿐인 서사가 아니라는 사실을 방증하는, AI 버블론에 균열을 내는 실적이라 할 수 있습니다. 이미 시장에서는 "팔란티어는 이제 시작이다" "기업의 성과는 팔란티어 도입 전과 후로 나뉜다" "팔란티어의 기술을 빨리 도입한 기업과 그렇지 않은 기업의 격차는 점점 더 커질 것이다"라는 말들이 나오고 있습니다. 팔란티어를 향한 기대는 더 이상 추측이 아니라, 반복적인 실적 신뢰도와 견고한 고객 락인 효과로 이미 현실이 되고 있습니다. 그리고 그것이 곧, 지금이 팔란티어를 이해해야 할 결정적 타이밍임을 말해줍니다.

이 책을 집필하는 동안 일상의 작은 즐거움도 내려놓은 채, 제가 가진 노력이라는 무기를 레버리지 삼아, 폭넓은 자료를 교차 검증하며 팔란티어를 심층적으로 탐구했습니다. 제가 하루하루 쌓아온 모든 노력은 온전히 이 한 권에 집약되어 있습니다. 독자 여러분께 단순한 이해가 아닌, 확고한 통찰로 전해지길 바랍니다. 그리고 이 책이 여러분의 지식을 자산화할 수 있는 기회가 되기를 바랍니다.

이 책이 완성되기까지의 긴 여정 동안, 항상 큰 힘이 되어준 사랑하는 부모님과 동생, 올케, 그리고 조카에게 깊은 감사의 마음을 전합니다. 책이 나오면 제일 먼저 서점으로 달려가겠다고 말해준 소중한 친구들에게도 진심 어린 감사를 전합니다.

"성장은 데이터로 증명되고, 신뢰는 반복되는 결과로 쌓인다. 그 성장과 신뢰가, 지금 팔란티어를 이해해야 할 이유다."

이 문장이 곧 이 책의 제목 『팔란티어에 탑승하라』 그 자체에 대한 해설이자, 저자의 확신입니다.

Q1 AIP만 AI를 쓰나요? 파운드리나 고담에는 AI가 없나요?

Q2 팔란티어는 전통적으로 온프레미스(설치형) 기업으로 알려져 있습니다. 그러나 최근 민간·기업 시장 확대 과정에서 SaaS화가 강조되고 있는데, 그렇다면 지금의 팔란티어는 SaaS 기업으로 봐야 할까요? 아니면 여전히 온프레미스 기업에 더 가까운 걸까요?

Q3 왜 팔란티어는 공식 웹사이트에서 굳이 'Foundry Ontology'라는 표현을 사용해 파운드리에 귀속시켜 강조하는 것일까요? 고담에서는 온톨로지가 쓰이지 않는 것일까요?

Q4 LLM의 할루시네이션을 온톨로지가 줄일 수 있다는 말이 사실인가요?

Q5 팔란티어의 고객사가 아닌, 함께 생태계를 확장하는 핵심 파트너사는 누구입니까?

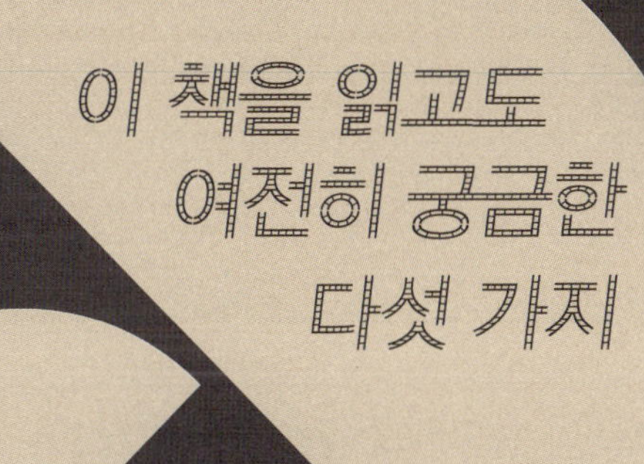

이 책을 읽고도 여전히 궁금한 다섯 가지

Q1 AIP만 AI를 쓰나요? 파운드리나 고담에는 AI가 없나요?

A AIP는 팔란티어가 공식적으로 AI 중심 플랫폼으로 정의한 유일한 제품입니다. AIP는 실시간 데이터와 대형 언어 모델(LLM)을 결합해, 의사결정부터 실행까지 이어지는 과정을 자동화하는 것을 핵심 기능으로 규정합니다.

그렇다고 다른 플랫폼이 AI와 무관한 것은 아닙니다. 파운드리는 자체적으로 AI/ML 모델을 연결하고 배포할 수 있도록 설계되어 있습니다. 실제로 공식 문서에는 "operationalized AI/ML"과 같은 표현이 등장하며, 기업이 보유한 데이터를 기반으로 AI 모델을 적용할 수 있는 구조를 갖추고 있습니다.

고담의 공식 백서에서도 "AI–enabled operations(인공지능이 지원하는 작전)"이라는 표현이 등장합니다.

정리하면, AIP는 AI를 전면에 내세운 최초의 독립 플랫폼이고, 파운드리와 고담은 AI 기능과 연동해서 사용할 수 있지만 본질적으로는 AI 활용이 주 목적이 아닌, 데이터 통합과 전략 분석을 위한 플랫폼입니다.

Q2 팔란티어는 전통적으로 온프레미스(설치형) 기업으로 알려져 있습니다. 그러나 최근 민간·기업 시장 확대 과정에서 SaaS화가 강조되고 있는데, 그렇다면 지금의 팔란티어는 SaaS 기업으로 봐야 할까요? 아니면 여전히 온프레미스 기업에 더 가까운 걸까요?

A 팔란티어는 전형적인 SaaS 기업이 아니라 온프레미스와 클라우드를 병행하는 하이브리드 플랫폼 기업입니다.

전통적으로 정부·국방·금융기관처럼 데이터 보안 요구가 극도로 높은 고객을 위해 온프레미스(설치형)가 주력이었습니다. 고담과 파운드리 모두 고객사 데이터센터나 폐쇄망에 직접 배포되어, 방대한 레거시 시스템과 긴밀히 통합될 수 있었습니다.

그러나 최근 팔란티어는 SaaS화를 적극 추진하며 민간·기업 시장으로 영역을 넓히고 있습니다. Foundry for Builders(스타트업 대상)와 AIP는 AWS, Azure, GCP 같은 주요 퍼블릭 클라우드 마켓플레이스에서 구독·배포가 가능해, 별도 인프라 이전 없이 SaaS와 유사한 방식으로 사용할 수 있습니다.

팔란티어 스스로도 플랫폼을 특정 환경에 국한하지 않고 "온프레미스·클라우드·엣지 어디서든 배포 가능하다"고 설명합니다. 정부·국방 시장에서는 여전히 온프레미스가 중심이고, 민간·기업 시장에서는 SaaS 구독형 모델이 빠르게 확대되고 있습니다.

따라서 팔란티어의 비즈니스 모델을 규정한다면, 온프레미스 기반을 유지하면서 아폴로를 통해 SaaS의 장점(지속적 배포)을 결합한 하이브리드 플랫폼 기업이라고 보는 것이 가장 정확합니다.

Q3 왜 팔란티어는 공식 웹사이트에서 굳이 'Foundry Ontology'라는 표현을 사용해 파운드리에 귀속시켜 강조하는 것일까요? 고담에서는 온톨로지가 쓰이지 않는 것일까요?

A 팔란티어는 파운드리를 설명할 때 공식적으로 "The Foundry Ontology is the heart of Palantir Foundry(온톨로지는 파운드리의 심장이다)"라는 표현을 씁니다. 그만큼 온톨로지는 파운드리의 독창성을 규정하는 핵심 개념입니다.

파운드리의 온톨로지는 데이터를 단순히 테이블에 저장하는 방식이 아니라, 기업 활동 전체를 업무 개념 단위(주문, 재고, 고객, 공급망 등)로 정의하고 관계형으로 엮어내는 구조입니다. 이를 통해 조직은 SQL 스키마가 아닌 "주문 건수"나 "재고 부족" 같은 비즈니스 언어로 데이터를 다룰 수 있으며, 부서마다 흩어져 있던 데이터가 하나의 의미 체계 안에서 연결됩니다. 단순한 데이터 모델링이 아니라 데이터와 업무를 의미적으로 매핑하는 구조가 온톨로지의 본질입니다. 고담 역시 객체와 관계를 기반으로 데이터를 구조화하는 방식을 사용하지만,

파운드리처럼 온톨로지를 조직 운영 전반을 설계하는 핵심 언어로 강조하지 않습니다. 고담의 임무가 정보기관·군사 작전의 분석과 정보 융합에 맞춰져 있기 때문입니다.

즉, 온톨로지는 파운드리에서 가장 중심적으로 구현됩니다. 파운드리는 산업·기업 운영 전반을 온톨로지라는 언어로 재구성하는 플랫폼입니다. 팔란티어가 굳이 "Foundry Ontology"라는 표현을 전면에 내세우는 이유가 바로 여기에 있습니다.

Q4 LLM의 할루시네이션을 온톨로지가 줄일 수 있다는 말이 사실인가요?

A ‘할루시네이션’은 생성형 AI 모델이 거짓이거나 오해의 소지가 있는 정보를 실제처럼 제시하는 상황을 말합니다.

예를 들어, 임상적으로 검증되지 않은 약물 효능을 공식 결과처럼 꾸며내거나, 존재하지 않는 인물·회사·주소를 자연스럽게 조합해 제시하는 경우가 대표적입니다. 겉으로는 정확해 보이지만 실제 근거가 없는 정보입니다.

이 문제는 LLM의 작동 방식에서 비롯됩니다. LLM은 기본적으로 “다음에 올 가능성이 가장 높은 토큰을 예측하는 일”만 수행하도록 설계·훈련된 모델입니다. 정보가 부족하거나 문맥이 모호한 상황에서는 실제 데이터 대신, 확률적으로 그럴듯한 문장을 선택해 빈칸을 채우게 됩니다. 그래서 모를 때 ‘모른다’고 말하지 않고, 확률적으로 가장 자연스러운 문장을 만들어내는 것입니다.

이러한 이유로 사실 기반·조직 기반의 신뢰 데이터를 통해 LLM의 답변을 붙들어두는 방식(grounding)이 필수적입니다. LLM은 스스로 진위를 판단하지 못하기 때문에, 답변이 임의로 흘러가지 않도록 검증된 조직 데이터를 기준점으로 삼아 그 위에서만 출력을 전개하도록 만들어야 합니다.

팔란티어는 이 과정을 온톨로지로 구현합니다. 온톨로지는 LLM이 조직 내부의 의미·관계·데이터 흐름을 토대로 맥락을 구성하도록 기준을 잡아줍니다. LLM은 빈칸을 추측으로 채우지 않고, 온톨로지가 제공하는 사실 기반 정보와 허용된 의미 체계 안에서 답을 도출하게 됩니다.

예를 들어, 특정 장비가 고장 났을 때 원인을 묻는 상황에서 LLM은 통계적으로 흔한 고장 사례를 임의로 조합해 답변할 수 있습니다. 하지만 온톨로지를 통해 해당 장비의 실제 센서 기록·정비 이력·작업 로그를 직접 확인하도록 구성하면, LLM은 추측 대신 실제 데이터 기반으로 답을 산출합니다.

또한 계산이나 규칙 기반 판단처럼 LLM이 잘하지 못하는 작업은 온톨로지 내부의 전용 함수로 역할을 분리해, LLM은 텍스트 생성에 집중하고, 정확한 계산과 판단은 별도의 로직이 담당하게 됩니다.

결과적으로 온톨로지는 LLM이 사실과 다른 내용을 지어낼 여지를 줄이고, 현실 데이터를 바탕으로 일관된 답을 생성하도록 방향을 잡아주는 장치로 작동합니다. LLM의 약점을 보완하면서 신뢰성을 한층 더 견고하게 만드는 구조입니다.

Q5 **팔란티어의 고객사가 아닌, 함께 생태계를 확장하는 핵심 파트너사는 누구입니까?**

A 팔란티어의 고객사는 널리 알려져 있지만, 정작 생태계 확장을 이끄는 파트너사는 상대적으로 덜 알려져 있습니다. 그러나 이 파트너사들이 팔란티어 플랫폼이 산업 전반에 걸쳐 확립되도록 이끕니다.

1. 클라우드 인프라 파트너

팔란티어 플랫폼(파운드리, AIP)은 고객이 선택한 클라우드 환경에서 바로 운영될 수 있습니다. 이를 위해 주요 글로벌 클라우드 기업들과의 기술적 통합이 이루어져 있습니다.

- **AWS**: 파운드리와 AIP를 AWS 마켓플레이스에 통합해, 고객 계정 내에서 직접 배포·운영할 수 있도록 지원합니다.
- **Microsoft Azure**: 파운드리를 Azure 환경에 통합, 공공기관·대기업 고객의 도입을 지원합니다.
- **Google Cloud**: Google Cloud Marketplace에서 파운드리를 직접 사용할 수 있으며, Google BigQuery와 같은 제품들도 함께 활용할 수 있습니다.
- **Oracle Cloud Infrastructure(OCI)**: 파운드리와 AIP를 OCI 환경에서 활용해 데이터 기반 운영을 강화하고, AI 기능을 데이터 주권 요건과 함께 적용할 수 있습니다.

이 클라우드 파트너들은 팔란티어가 글로벌 기업 고객의 기존 IT 환경 속으로 자연스럽게 스며들 수 있는 통로를 열어줍니다.

2. 컨설팅·SISystems Integration파트너

- **Accenture**: 파운드리·AIP 기반 프로젝트를 고객 환경에 맞게 설계·통합, 디지털 전환 실행 지원
- **KPMG**: 데이터 파이프라인, 온톨로지·거버넌스 적용, 대시보드·워크플로우 구현까지 전환 지원

이 파트너사들은 팔란티어가 단순한 소프트웨어 공급업체에 머무르지 않고, 엔터프라이즈 AI 플랫폼으로 자리 잡도록 이끄는 상호 필수적 관계를 형성합니다.

3. AI 인프라 파트너

- **NVIDIA**: 팔란티어는 AIP의 온톨로지 기반 운영 구조 위에 NVIDIA의 GPU 가속 컴퓨팅과 AI 모델·라이브러리(CUDA-X, Nemotron, NeMo, cuOpt 등)를 결합해 통합 운영 AI 스택Operational AI Stack을 구축합니다. 이 통합 구조를 통해 AIP는 대규모 데이터 처리, 추론, 최적화 작업을 고속으로 수행할 수 있습니다.

Appendix

팔란티어의 전략적 파트너, 안두릴

- 안두릴: 팔란티어의 전략적 국방 파트너
- 안두릴의 목표: 국방의 실리콘밸리화
- 억제력: 전쟁을 막는 기술
- 팔란티어-안두릴 컨소시엄: 전장 데이터를 AI로 연결하는 단일 체계
- 팔란티어 × 안두릴: 전장 패러다임의 전환

안두릴:
팔란티어의 전략적 국방 파트너

안두릴: 실리콘밸리가 만든 새로운 방산 기업

안두릴Anduril Industries은 실리콘밸리에서 출발한 첨단 방위기술 기업으로 자율 시스템Autonomous Systems과 AI를 결합해 군사 및 국가 안보 솔루션을 개발하고 있습니다. 2017년 미국 캘리포니아주 코스타메사Costa Mesa에 설립되었으며, 미국 CNBC가 매년 산업 혁신을 이끄는 스타트업을 선정하는 'Disruptor 50'에서 올해 1위를 차지한 기업입니다.

'Anduril'이라는 이름은 톨킨의 소설 『반지의 제왕』에 등장하는 검에서 유래한 것으로, '서쪽의 불꽃Flame of the West'을 의미합니다. 창립자 팔머 러키Palmer Luckey는 1992년생의 기술 창업가로, 16세에 가상현실VR 헤드셋 '오큘러스 리프트Oculus Rift'의 초기 프로토타입을 개발했습니다. 이후 2012년 오큘러스 VROculus VR을 창립하고, 2014년 회사를 페이스북(현 메타)에 약 20억 달러에 매각했습니다.

그러나 친트럼프 단체에 대한 기부 논란이 정치적 파장을 일으키며 회사를 떠나게 되었고, 2017년 안두릴 인더스트리즈Anduril Industries, Inc.를 설립하며 방위산업 분야로 방향을 전환했습니다.

안두릴은 피터 틸의 파운더스 펀드Founders Fund로부터 초기 투자를 유치했으며, 팔란티어 출신인 브라이언 쉼프Brian Schimpf와 트레이 스티

븐스Trae Stephens가 공동 창업 멤버로 합류했습니다. 이러한 배경 덕분에 안두릴은 "팔란티어의 철학이 하드웨어로 구현된 기업"으로 평가받으며 주목받았습니다.

미국 방위산업의 한계

미국은 세계 최대의 군사 강국이지만, 방위산업의 구조는 여전히 낡은 절차와 느린 조달 방식에 묶여 있습니다.

전통 방산기업은 전투기·미사일·함선 등 다양한 무기체계를 통합 설계하는 시스템 통합자System Integrator 역할을 맡아왔습니다. 이들은 개별 무기체계를 하나의 작전 시스템으로 연결해 전쟁 전체를 설계하는 주체였습니다.

록히드 마틴 역시 단순히 F-35를 제작하는 기업이 아니라, 그것이 위성·레이더·군사 데이터와 어떻게 연동될지를 설계하는 '시스템의 두뇌'였습니다.

하지만 이 구조는 여전히 수작업 중심의 느리고 복잡한 위계 체계에 머물러 있었습니다. 무기 하나를 개발하는 데 평균적으로 10년 정도가 소요되고, 조달 과정은 수백 개 기관의 승인 절차와 복잡한 서류 체계로 얽혀 있습니다.

게다가 군, 정보기관, 국방부, 민간 협력사 간의 데이터 시스템이 통합되지 않아 정보의 단절과 중복이 빈번하게 발생하고, 효율적인 협업이 어렵습니다.

전장이 이미 클라우드 기반으로 전환되었음에도, 지휘·정보 흐름은 여전히 문서로 관리되는 아날로그 체계에 머물러 있어, 미국 국방부DOD는 이 구조를 “국가 안보의 병목”으로 진단하고 “방산의 실리콘밸리화”를 핵심 개혁 과제로 내세웠습니다.

안두릴의 목표: 국방의 실리콘밸리화

팔머 러키는 투자자들을 위한 첫 피치덱에서 “우리는 연간 수백억 달러의 수익을 창출해, 납세자의 세금을 연간 수천억 달러 절감시키겠다”고 선언했습니다. 그 피치덱 문구는 단순한 캐치프레이즈가 아니라 비효율에 갇혀 있던 기존 방위산업이 오랫동안 외면해온 과제를 정확히 드러냈고, 새로운 방산 패러다임의 시작이었습니다.

안두릴의 비전은 단순한 기술 혁신이 아니라, 방위산업의 운영 방식을 근본부터 바꾸는 것입니다. 기존 방산 기업들이 느린 조달 절차, 복잡한 하청 구조, 원가 가산Cost-plus 방식으로 인한 예산 부담에 갇혀 있었다면, 안두릴은 실리콘밸리의 빠른 개발 철학을 군사 기술에 이식했습니다.

전통적인 방산 프로젝트는 정부의 발주로 시작해 대형 방산기업의 계약, 다시 수백 개의 하청업체가 단계적으로 참여하는 하향식Top-down 구조였습니다. 이 과정에서는 피드백이 느리고 새로운 기술을 즉시 반영하기 어려웠습니다. 여기에 예산을 운용하는 방식도 비효율을 고착화하고 있었습니다.

원가 가산Cost-plus 계약은 개발 과정에서 발생한 모든 비용을 정부가 보전하고, 총비용의 일정 비율을 이윤으로 지급하는 구조입니다. 인건비·장비·지연으로 생긴 추가 비용까지 모두 환급받기 때문에 기업은 단 한 푼의 손해도 보지 않습니다. 비용이 늘어날수록 이윤도 함께 커지는 방식이라, 속도를 높이거나 비용을 줄일 경제적 인센티브가 사실상 사라집니다. 결국 비용 초과와 개발 지연 및 실패의 부담은 모두 납세자가 떠안는 구조였습니다.

안두릴은 이 체계를 완전히 뒤집었습니다. 제품을 먼저 개발하고 실전에서 검증한 뒤, 즉각적인 개선과 배포를 반복하는 '소프트웨어식 개발 사이클Agile Defense'을 도입하여 기존에 수년이 걸리던 개발 주기를 수주 단위로 단축했습니다. 즉, 개발의 시작점부터가 다릅니다.

- **전통 방산**: 정부 발주 → 계약 → 하청 → 개발 및 테스트 → 승인 → 납품(수년 소요)
- **안두릴**: 자체 개발 → 실전 테스트 → 즉시 수정 → 현장 배포(수주 단위)

또한 안두릴은 정부 예산으로 개발을 시작하는 대신, 자체 자본으로 먼저 완성품을 만들고 그 결과물을 판매하는 방식을 택했습니다. 개발 실패의 부담을 납세자에게 넘기지 않는 운영 모델입니다.

안두릴은 방산을 스타트업처럼 운영하는 첫 사례이자, 하드웨어 산업에 '소프트웨어의 속도'를 주입하며 방산 패러다임의 변화를 이끈 기업으로 평가받고 있습니다.

래티스 OS —전장을 연결하는 AI 운영체계

안두릴의 핵심 플랫폼인 래티스Lattice OS는 전장의 다양한 자율 시스템과 센서를 하나의 네트워크로 연결하는 AI 기반 운영체계로, 하드웨어 간의 데이터 흐름과 의사결정을 통합하는 '전장의 두뇌' 역할을 합니다.

단순한 연결이 아니라, 각기 다른 센서와 기체에서 유입되는 데이터를 실시간으로 융합해 하나의 3차원 전장 지도로 재구성합니다. 래티스 OS는 다수의 자율 시스템을 동시에 제어하며, AI가 실시간으로 위협을 식별하고 전황을 시각화하며 최적의 작전을 제시합니다. 그 결과, 필요한 대응이 지연 없이 자동으로 전개됩니다.

현재 미 공군의 ABMSAdvanced Battle Management System 프로그램에서 미사일 위협 대응 시연에 활용된 바 있습니다. 래티스 위에서 작동하는 주요 하드웨어는 다음과 같습니다.

• **센트리 타워** Sentry Tower

미국-멕시코 국경에 배치된 AI 자율 감시탑입니다. 태양광으로 작동하며, 고해상도 카메라·열감시 센서로 인원과 차량을 실시간 식별·추적합니다. 모듈형 설계로 픽업트럭 이동과 빠르게 분해·재조립이 가능해 설치 속도와 운용 유연성이 높습니다.

• **고스트** Ghost

고스트는 저소음 비행과 모듈형 센서 페이로드, 그리고 장거리 운용 능력을 결합한 전술 UAS 플랫폼(군사용 드론)입니다. 자율 비행 알고리즘이 탑재되어 조종 개입 없이도 정찰·감시·경계 임무를 수행할 수 있도록 설계했습니다. 플랫폼은 기본형 '고스트'와 성능을 확장한 '고스트-X'로 구성되며, 고스트-X는 비행 시간과 페이로드가 크게 늘어난 확장형 모델입니다.

• **알티우스** Altius

미 육군과 협력한 장기 체공 고정익 자율 무인기 시리즈입니다. 관성발사 U-launch 방식으로 활주로 없이 운용되며, 헬리콥터·지상 차량·함정 등과 연동되는 다중 플랫폼 호환성을 갖춰 지속 정찰에 적합합니다.

• **퓨리** Fury

안두릴이 최근 공개한 유인 전투기와 협업하도록 설계된 AI 자율 전투 항공 플랫폼으로, 조종사 없이 위협 탐지-경로 설정-교전을 수행하도록 설계되었습니다. 유인기에 비해 운용 비용과 생산 주기가 크게 낮아 대량 운용 가능한 전투 AI 플랫폼으로 주목받고 있습니다. 공중전 판단의 중심이 인간에서 알고리즘으로 이동하고 있음을 보여 주는 사례입니다.

결론적으로, 안두릴은 무기 제조사가 아니라, 전장을 하나의 네트워크로 통합하는 기술 기업으로 평가받고 있습니다.

2024년 안두릴의 매출은 전년 대비 두 배 가까이 성장했습니다. 미 국방부DOD와 미 해병대US Marine Corps와의 계약을 체결하며 방위 시장에서 입지를 빠르게 넓혀가고 있습니다. 또한 호주 해군과 17억 호주달러 규모의 계약을 체결해 고스트샤크Ghost Shark 무인잠수함 생산을 시작했으며, 2026년부터 대량생산 체제로 전환할 예정입니다. 미국 오하이오주에서는 대형 생산시설 '아스널Arsenal–1'을 건설 중이며, 2026년 완공을 목표로 자율 무기 대량생산 체계 구축을 추진하고 있습니다. 이와 함께 IPO(기업공개) 가능성도 시장에서 거론되고 있습니다.

2025년 8월 한국 지사를 설립했으며, HD현대와 MOA를, 대한항공과 MOU를 체결해 국내 파트너십도 확대하고 있습니다.

안두릴은 불과 몇 년 만에 '차세대 방위산업의 대표 기업' '방산 업계의 테슬라'로 불릴 만큼 속도·기술·자본의 3요소를 동시에 확보한 유일한 민간 방산기업으로 자리 잡았습니다.

억제력: 전쟁을 막는 기술

"우리는 적이 감히 우리와 경쟁할 수 없다는 사실을 확실히 인지시켜 분쟁을 억제합니다. 국가들은 오직 누가 승리할 것인가에 대한 상호 계산이 엇갈릴 때만 전쟁을 일으킵니다. 전쟁 문턱조차 넘지 못하게 만들고, 상대가 두드리는 계산기 속에서 승산이라는 숫자를 0에 수렴하게 만드는 일, 침략의 대가를 너무나도 비싸게 만들어서 애초에 적들이 시도조차 못하게 만드는 것이 진짜 억제력입니다."

– 팔머 러키, TED 토크 "억제력의 미래(The Future of Deterrence)", 2024

억제력Deterrence은 국제안보 분야에서 흔히 "상대가 전쟁을 시작할 수 없도록 만드는 힘"으로 정의되어 왔습니다. 팔머 러키는 TED 연설에서 "국가는 자신이 이길 수 있다고 계산할 때만 전쟁을 감행한다"고 강조하며, 억제력은 침략의 대가를 감당할 수 없을 만큼 높여 애초에 시도 자체를 무력화하는 것이라고 설명합니다.

그는 더 많은 병력과 장비를 쌓아 균형을 맞추려는 전통적 방식으로는 현대 분쟁을 억제할 수 없다고 지적하며, 억제의 핵심이 '양의 경쟁'이 아니라 AI·자율 시스템·대량 생산이 결합해 만들어내는 기술적 우위로 이동했다고 말합니다. 이 우위는 상대의 작전 판단 자체를 바꾸고,

결국 어떤 시나리오에서도 승산이 없다는 결론에 도달하게 만듭니다.

자율 시스템이 대규모로 배치되고 AI가 전장을 실시간으로 통합하면, 반응 속도·정확도·타격 비용에서 인간이 따라갈 수 없는 격차가 만들어집니다. 이런 격차가 존재하는 순간, 전쟁이라는 선택지는 애초에 성립하지 않습니다.

결국 억제력은 전투 능력을 높이는 전략이 아니라, 전쟁을 성립시키는 조건 자체를 제거하는 전략이며, 안두릴이 구축한 자율 드론·잠수함·AI 네트워크는 그 전략이 실제 기술로 구현되고 있음을 보여줍니다.

팔머 러키가 말한 억제력은 알렉스 카프가 오랫동안 강조해온 철학과도 맞닿아 있습니다.

"전쟁의 가장 명확한 해법은, 서방이 가능한 한 가장 강력하고 정밀하며 치명적인 무기를 보유하는 것입니다. 그래야 불필요한 민간인의 사망을 최소화할 수 있습니다. 그리고 이러한 사망을 최소화하는 가장 중요한 방법은, 아무도 공격할 엄두를 내지 못할 만큼 압도적으로 강력해지는 것입니다."

– 알렉스 카프, 힐 앤 밸리 포럼(The Hill & Valley Forum), 2025

두 기업은 기술로 우위를 확보해야 공격을 단념시킬 수 있다는 동일한 관점을 바탕으로 협력하고 있습니다.

팔란티어-안두릴 컨소시엄: 전장 데이터를 AI로 연결하는 단일 체계

팔란티어와 안두릴은 2024년 12월, 미국 정부가 AI 시대의 국방 우위를 확보하는 데 필요한 기술 인프라를 공동으로 구축하겠다는 목표로 공동 컨소시엄 출범을 발표했습니다. 이 컨소시엄은 미국 국방 AI의 발전을 가로막아온 두 가지 병목, 전장 데이터의 증발과 데이터를 AI 능력으로 전환할 파이프라인의 부재를 해결하기 위해 구성되었습니다. 컨소시엄은 향후 다른 기술 파트너들로도 범위를 확장할 계획입니다.

첫 번째 과제: 전장의 데이터가 증발하는 문제

미 국방부는 공식 전략 문서DoD Data Strategy에서 국방 전 영역에서 발생하는 데이터를 '즉각적이고 지속적인 군사적 우위를 만들어내는 전략 자산'으로 규정하고 있습니다.

그러나 실제 전장에서는 이 전략 자산이 보존되지도, 전달되지도, 학습에 활용되지도 못한 채 사라지고 있습니다.

- 위성·드론·무기체계·로봇에서 생성되는 실전 데이터가 저장조차 되지 않고

- AI가 학습해야 하는 핵심 데이터가 엑사바이트 단위로 증발하며
- 미국의 기술적 우위가 '기회 상실'로 전락하는 상황이 이어지고 있습니다.

안두릴은 이 과제를 해결하기 위해 래티스 OS와 메너스 엣지 장비를 현장에 투입합니다.

- 래티스 OS: 전장 엣지에서 센서·로봇·무기체계를 직접 연결해 데이터가 흩어지지 않도록 통합
- 메너스Menace: 엣지 환경에서도 데이터를 수집-보존-전송할 수 있는 견고한 컴퓨팅·통신 기반을 제공

결과적으로 안두릴은 전장 엣지에서 생성되는 모든 데이터를 온전히 확보할 수 있는 기반을 마련합니다.

두 번째 과제:
보존된 데이터를 AI 능력으로 전환할 파이프라인 부재 문제

미국은 GPT, 클로드Claude, 제미나이Gemini처럼 세계 최고 수준의 AI 모델을 개발하고 있습니다. 그러나 국방 분야에서는 이러한 모델을 안전하게 학습·배포·재학습할 체계가 여전히 갖춰져 있지 않습니다.

국방용 AI는 단순한 모델 성능만으로는 요구 조건을 충족할 수 없습니다. 실제 전장에서 오류 없이 작동해야 하고, 배포 이후에도 실전 데이터를 기반으로 지속적으로 업데이트될 수 있어야 합니다. 다양한 무기체계·센서·위성·로봇과 연동된 환경에서도 안정적으로 작동해야 하며, 계층형 군사 네트워크의 승인·검열 절차도 모두 통과해야 합니다.

또한 대규모 데이터를 AI가 처리할 수 있는 구조로 준비되어 있어야 합니다. 보안 등급(SCI·SAP 포함)에 따른 제한을 처리할 수 있어야 하고, 전장에서 들어오는 방대한 원시 데이터를 구조화·정제·학습으로 연결하는 과정까지 완비되어야 합니다. 그러나 이 데이터를 AI 능력으로 전환할 수 있는 보안 요건을 충족한 엔터프라이즈 파이프라인이 존재하지 않았기 때문에, 데이터는 확보해도 활용되지 못했고, 모델은 개발해도 전장에 올릴 수 없는 단절이 발생해왔습니다

이 데이터 처리 파이프라인의 부재가 바로 이 컨소시엄이 해결해야 하는 두 번째 과제입니다.

국방용 데이터가 가진 보안 구조

국방 데이터는 민간 데이터와 달리 보안 계층이 세분화되어 있어, 저장·정비·가공·학습의 모든 단계가 보안 등급별로 완전히 분리되어야 합니다. 이 복잡한 보안 구조가 국방용 AI 개발에서 가장 근본적인 병목으로 작용해왔습니다.

미 국방 데이터는 정보의 민감도에 따라 다음과 같이 구분됩니다.

- **일반 군사 정보**
- **기밀**Secret
- SCISensitive Compartmented Information: 민감한 정보에 대한 접근을 구획별로 제한하는 보안 체계(출처: 미국 국가정보국 ODNI, Intelligence Community Directive 703)
  - ▶ 참고: 일부 기업 자료에서는 'Secure Compartmented Information'이라는 표현이 사용되지만, ODNI와 NIST의 공식 정의를 기준으로 작성했습니다.
- SAPSpecial Access Programs: 접근을 별도 승인된 인원에게만 허용하는 특별 관리 프로그램

이러한 보안 계층 때문에, 데이터를 AI 학습 파이프라인에 넣으려면 데이터 저장 → 변환 → 레이블링 → 모델 학습 → 추론 → 배포 모든 단계가 보안 등급별로 구분된 환경에서 처리되어야 합니다. 즉, 민간 기업처럼 하나의 클라우드 환경에서 데이터를 모아 학습하는 방식은 국방에서는 구조적으로 불가능합니다.

이 특수한 보안 체계 때문에, 국방 영역에는 AI를 만들고 배포할 수 있는 통합 환경 자체가 마련되어 있지 않았습니다.

전장 데이터는 학습 불가능한 원재료

전장에서 들어오는 데이터는 대부분 원시Raw 형태입니다. 좌표 로그, 센서 신호, 드론 영상, 선투 현상 음성, 무기체계 텔레메트리(실시간 상태·성능 정보), 레이더 파형 등 겉보기에는 방대한 자산처럼 보이지만 실제로는 AI가 활용할 수 없는 '비정형 원재료'에 가깝습니다. 각기 다른 곳에서 들어온 데이터는 구조·포맷·맥락이 모두 제각각이라 하나의 모델이 일관되게 읽어낼 수 없습니다.

식별 레이블도 없어 AI 학습에 필요한 '정답 데이터'가 전혀 갖춰져 있지 않고, 언제·어디서·어떤 장비로 수집된 정보인지 설명해주는 메타데이터까지 빠져 있어 의미 있는 패턴을 파악할 수 있는 맥락이 형성되지 않습니다.

또한 전장 정보 특성상 서로 다른 보안 등급이 한꺼번에 뒤섞여 유입되기 때문에, 정제 없이 처리하면 즉시 보안 위반이 발생합니다. 데이터 규모 또한 엑사바이트 단위에 이르러, 물리적 정리·분류·정제 과정을 거치지 않으면 어떤 AI 파이프라인에도 투입할 수 없습니다.

결국 데이터는 존재하지만, AI가 활용 불가능한 비정형 데이터 상태입니다. 이 지점이 미국 국방 AI가 수십 년 동안 풀지 못한 핵심 병목이었고, 이 컨소시엄이 해결하려는 문제입니다.

전장 환경 특유의 제약도 존재합니다. 국방 시스템은 여전히 레거시 장비와 폐쇄망에서 운영되고 있고, 전장에서는 네트워크 연결이 불안정해 클라우드 기반 AI 모델이 요구하는 조건과 맞지 않습니다. 또한 군사 데이터는 등급별로 완전히 분리된 공간에서만 처리할 수 있으며, 새로운 모델을 배포하려면 테스트·보안 검증·승인 절차를 모두 통과해야 해 업데이트 한 번에도 수개월이 소요됩니다.

그 결과, 뛰어난 AI 모델을 보유하고 있어도 무기체계나 전술 시스템에 적용되는 순간 작동이 멈추는 단절이 반복되었습니다. 이런 요소들이 겹쳐지면서 미국의 AI 기술력과 실전 환경 사이에는 깊은 간극이 존재했고, 모델은 전장에 도착하는 순간 '실행 불가능한 기술'로 전락했습니다. 바로 이것이 컨소시엄이 해결하려는 두 번째 병목의 본질입니다. 팔란티어의 AIP는 이 문제를 정확히 해결합니다.

- 엣지에서 들어온 데이터를 구조화·레이블링해서 모델이 학습할 수 있는 형태로 정리
- SCI·SAP 등 모든 보안 등급의 데이터 처리·관리 체계 운용
- 모델 학습 환경 제공(IL·RL) 전장 데이터로 즉시 학습 가능
- 자동 배포·재학습·재배포; 현장 데이터 기반으로 모델이 지속 강화되는 구조
- 안두릴 엣지Anduril Edge 연동: 학습 모델을 작전·국방 시스템으로 다시 배포하는 흐름 안정화

이렇게 팔란티어 AIP는 단절되어 있던 모든 요소를 하나의 거대한 유기체처럼 연결합니다. 과거에는 데이터가 있어도 쓰지 못하고 모델이 있어도 적용하지 못했다면, AIP는 전장의 데이터를 실시간으로 빨아들여 모델을 진화시키고, 이를 즉시 안두릴의 하드웨어에 이식해 소프트웨어와 하드웨어의 완벽한 결합을 완성해냅니다. 바로 이 지점에서 국방 AI의 병목은 근본적으로 제거됩니다.

팔란티어 × 안두릴:
전장 패러다임의 전환

안두릴과 팔란티어의 기술이 결합하면, Edge → Enterprise → Edge로 이어지는 전장 AI 흐름을 구현할 수 있는 기반이 갖춰집니다. 전장 엣지 환경에서 동작하는 안두릴의 레티스·매너스 시스템에서 생성된 데이터가 팔란티어 AIP로 유입되어 구조화·학습 과정을 거치면, 도출된 의사결정과 모델이 다시 안두릴 시스템으로 전달되어 현장의 즉각적인 실행으로 연결되는 구조입니다.

이 과정에서 팔란티어는 전황을 해석해 의사결정을 설계하는 '두뇌', 안두릴은 그 결정을 움직임으로 전환하는 '팔과 다리' 역할을 맡습니다. 두 시스템이 연결되면서 정찰·방공·표적획득·지휘통제 같은 주요 작전 기능이 분절 없이 하나의 흐름으로 통합됩니다.

결국 이 컨소시엄의 핵심은 이러한 통합구조를 통해 미국 전장을 AI 기반의 단일 운영 체계로 재설계하는 데 있습니다. 미국 국방은 그동안 무기 성능·센서 스펙 같은 하드웨어 중심 패러다임에 머물러 있었지만, 이제 전장의 우위를 결정하는 요소는 더 좋은 무기가 아니라 더 빠르게 수집하고, 더 깊게 해석하고, 더 정교하게 학습하는 AI 루프에서 결정됩니다. 두 기업의 협업이 그 전환을 실체로 완성합니다.

참고문헌

Chapter 1

- The 9/11 Commission, Final Report of the National Commission on Terrorist Attacks Upon the United States, 2004
- Palantir Technologies, Official Website & Blog(palantir.com)
- Wikipedia, "Peter Thiel"
- Wikipedia, "Alex Karp"; Stratechery, Interview with Alex Karp
- Wired, "Palantir: The War on Terror's Secret Weapon", 2009
- CNBC, Interview with Alex Karp, May 5, 2021
- Peter Thiel, Zero to One, 2014
- TechCrunch, "How Palantir Found Its Market Fit", Dec 2020
- In-Q-Tel, Official Website(iqt.org)
- Palantir, Case Studies and Blogs(NHS, Airbus, Insurance, Ukraine War)

Chapter 2

- The Guardian, "Documents offer rare insight on ICE's close relationship with Palantir" , 2025
- Washington Post, "The war inside Palantir: Data-mining firm's ties to ICE under attack by employees" , 2019
- American Immigration Council, "ICE to Use ImmigrationOS by Palantir, a New AI System, to Track Immigrants' Movements", 2025
- FastCompany, "Despite the controversy, plenty of smaller tech startups work with ICE", 2019
- Bloomberg, "Palantir Knows Everything About You" , 2018
- NIM Marketing Intelligence Review, Big Tech Platforms: What Are the Limits to "Big Brother" Surveillance and Influence?, 2024
- Medium, The Looming Peril of Surveillance Capitalism: Data, the New Big Brother, 2024
- 한경비즈니스, '빅브라더의 탄생'…팔란티어는 모든 것을 알고 있다, 2025
- Brookings Institution, Big Tech and Antitrust: Pay Attention to the Math Behind the Curtain, 2020
- Palantir Technologies, Privacy and Security Statement, March 1, 2025
- Palantir Technologies, Palantir on Data Lineage and Deletion, March 1, 2025
- Business & Human Rights Resource Centre, USA: Palantir is allegedly enabling ICE's human rights violations against migrants & asylum-seekers, incl company response, September 28, 2020
- Business Insider, ICE just ordered $30 million worth of new technology from Palantir to track immigrants, April 17, 2025
- The Guardian, Palantir's tools pose an invisible danger we are just beginning to comprehend, August 24, 2025

Chapter 3

- Palantir Technologies, Official Website & Blog(palantir.com)
- Kevin Andrews, Palantir Gotham: From 9/11 to AI, 2023
- TIME, Inside Palantir, the Military Software Company That's Helping Ukraine Battle Russia, 2023
- Palantir Technologies, Investor Relations – Q2 2023 Earnings Call
- Palantir Technologies, White Papers, 2023–2024

- Medium – Jay Wang, Palantir Foundry: Example, 2023
- Wikipedia, Single Source of Truth, 2025
- Business Insider, Palantir has a "secret sauce" that could lift its stock — Bank of America says Palantir's Ontology and FDE strategy diff erentiate it, 2025
- Financial Times, The new hot job in AI: forward-deployed engineers, 2025
- Karp, A. Interview with Bloomberg Technology on Operational AI. Bloomberg LP, December 15, 2023
- Business Insider, The Palantir job that grows startup founders, 2025
- Financial Times, The new hot job in AI: forward-deployed engineers, 2025
- Convequity Research, Updates: Snowflake, Databricks & Palantir – Controlling the MDS and GenAI PaaS Future(Pt.3), August, 2024
- Snowflake Inc. and Palantir Technologies Inc. Snowflake and Palantir Announce Strategic Partnership for Enterprise-Ready AI Analytics. Press Release, October, 2025
- Databricks Inc. and Palantir Technologies Inc.Palantir and Databricks Announce Strategic Product Partnership to Deliver Secure and Efficient AI to Customers. Press Release, March 13, 2025
- Financial Times, 'AI Data Ecosystem: How Palantir, Snowflake and Databricks are Dividing the Market'. FT Technology Section, February 2, 2025
- Bloomberg Intelligence, 'Palantir vs Snowflake vs Databricks: Positioning in the Operational AI Stack'. Bloomberg Terminal Analysis, May, 2025

Chapter 4

- "Palantir and Ministry of Digital Transformation of Ukraine strike reconstruction partnership," Official Press Release, Palantir Technologies, May 25, 2023
- Simon Shuster, Inside the Software That Could End the Ukraine War. TIME Magazine, February 27, 2023
- Ellen Nakashima and Craig Timberg, Palantir's software is helping Ukraine target Russian forces, The Washington Post, December 23, 2022
- Ukraine is the world's best battle lab, Interview and Media Briefing, Palantir Technologies, 2022
- Billy Perrigo, TIME, "How Tech Giants Turned Ukraine Into an AI War Lab," 2024
- The Times(UK), "Palantir reveals hi-tech weapon helping Ukraine target Russian invaders," 2023
- Obama, B. Ten Years Since: Remembering the Night We Got Bin Laden. The Obama Foundation, 2021
- Medium, "Palantir Gotham: From 9/11 to AI", 2023
- Wired, "Palantir Technologies spots patterns to solve crimes and track terrorists", 2012
- Forbes, "Agent of Intelligence: How a 'Deviant' Philosopher Built Palantir", 2013
- Washington Post, "War Inside Palantir: Palantir's ties to ICE", 2019
- Palantir Technologies, "COVID-19 Response with NHS"
- Financial Times, "Palantir to expand NHS work with £330m data contract," Nov 2023
- BBC, "NHS awards Palantir £330m data platform contract," Nov 2023
- Harris, S. Palantir Technologies spots patterns to solve crimes and track terrorists. WIRED, July 31, 2012
- Airbus, Official Website(airbus.com)
- Harvard Business School, "Skywise: Airbus' bet on big data," d3.harvard.edu, 2018
- KT Enterprise, Official Website(enterprise.kt.com)
- Wccftech, "Samsung Reportedly Taps Palantir To Improve The Yield And Overall Quality Of Its Chips", March 18,2025
- HD현대, Official Website / 그룹 뉴스, "현대重그룹, 美 팔란티어와 손잡고 첨단 스마트 조선소 구축"(2022-09-21)
- DL이앤씨, "팔란티어와 디지털 혁신 협력 발표", 2022-05-24(dlenc.co.kr)
- 코오롱베니트, "팔란티어와 스마트팩토리 사업 협력", 2022(kolonbenit.com)

Chapter 5

- Palantir Technologies, Annual Report 2023
- Palantir Technologies, Foundry Platform Overview Whitepaper
- Palantir Technologies, AIP Overview, 2023
- Palantir Technologies, The Ontology is the Heart of Foundry, 2022
- Palantir Technologies, Investor Letter, 2023
- Raphaëlle d'Ornano, Does Palantir Have a Durable Growth Moat? Medium, August 16, 2021
- Seeking Alpha, Palantir: Competitive Advantages, Excellent Long Term Player, July 20, 2023
- Morningstar, Palantir: A Strong Position in the AI Value Chain Warrants Enthusiasm, 2024
- Reuters, U.S. Army Pools Contracts into Up to $10 Billion Palantir Deal, July 31, 2025
- HigherGov, Palantir Awarded $463 Million USSOCOM AI Contract, 2023
- Palantir Technologies, Palantir and BP Agree to Five-Year Strategic Relationship with New AI Capabilities, 2024
- Financial Times, Palantir's Quiet Rise as the West's Most Trusted Defense AI Firm, 2024
- CNBC, Interview with Alex Karp, 2023
- U.S. Department of Defense, Contract Announcements(Palantir)

Chapter 6

- Palantir Technologies, Press Release: Q2 2025 Results and Guidance Update , Aug 4, 2025
- Financial Times, Palantir lifts outlook as AI boom sends quarterly revenue to $1bn , Aug 2025
- Barron's, 2025 Palantir CEO Alex Karp's New Plan to Sell $1.2 Billion of Stock, Feb 2025
- Barron's. 2025. Palantir CEO Alex Karp Ends Plan to Sell Stock, May 2025
- Palantir Technologies, Form 10-K(FY2024) — Share Repurchase Program and remaining authorization
- Palantir Technologies, Form 10-Q(Q1 2025) — Shares outstanding and SBC disclosures
- Palantir Technologies, Q2 2025 Business Update
- Nasdaq, Palantir Stock Pops: Powerful AI Demand Drives 78% Q2 Earnings Growth and Big Annual Forecast, 2025.
- Palantir Technologies, Registration Statement on Form S-1(CEO Letter), 2020
- Palantir Technologies, Foundry Security Overview
- Palantir Technologies, Privacy and Governance Whitepaper
- Palantir Technologies, Data Protection Solutions(GDPR)
- Palantir Technologies, Platform Architecture and Governance Whitepaper, 2024
- Palantir Technologies, Annual Report on Form 10-K, 2023
- Healthcare IT News. NHS issued legal challenge over contract with Palantir, 2021
- OpenDemocracy. NHS Palantir contract emails reveal plan to win multi-million pound deal, 2023
- The Washington Post. The war inside Palantir: ICE ties under attack by employees. 2019
- Palantir Technologies, AIP Bootcamp, 2025
- Palantir Technologies, Apollo White Paper, 2024
- Palantir Technologies, Government Web Services Overview, 2024
- Palantir Technologies, Q2 2025 Results & FY 2025 Guidance(Investor News), 2025
- Palantir Technologies, Deploying Full Spectrum AI in Days: How AIP Bootcamps Work. Palantir Blog, 2024
- Palantir Technologies, AIP Bootcamp Overview
- Palantir Technologies, About Palantir. Palantir Blog, "We do not do business with the Communist Party of China, do not host platforms in China, and do not operate in Russia."
- Directors & Boards. Navigating New U.S. Export Controls in an Evolving AI and Regulatory Environment, 2024

- Financial Content. Palantir Technologies: Decoding the Data Giant's AI Ambitions and Geopolitical Influence, Sept 2025
- CNBC, Palantir CEO Alex Karp: 'We build software for the West and its allies', Interview with Alex Karp, CEO of Palantir Technologies, 2023
- Directors & Boards, Regulations governing the export of sensitive technologies now directly affect a company's ability to innovate, 2023
- MacroTrends , Amazon P/E Ratio Historical Data, 2025
- FullRatio, Tesla P/E Ratio Historical Analysis, 2025
- Research Affiliates, Tesla, the Largest-Cap Stock Ever to Enter S&P 500: A Buy Signal or …?, 2020
- Investopedia, Top 3 Pitfalls of Discounted Cash Flow Analysis 2018
- Investopedia, How to Assess Stock Value Using P/E, PEG, and P/B Ratios 2016
- OpenView Partners, LTV:CAC, 2016
- Morningstar, Economic Moat, 2015
- AnalystPrep, Stock-based compensation and valuation, 2025

Chapter 7

- Palantir Technologies AI Systems Governance through the Palantir Platform, Palantir Blog
- Palantir Technologies Foundry for AI Governance: Ethical AI in Action. Palantir Blog
- Palantir Technologies Responsible Business & Sustainability, Palantir Official Website
- Wired, Palantir Is Extending Its Reach Even Further Into Government. Wired Magazine, 2023

Appendix

- Palantir Technologies, Official Website & Blog(palantir.com)
- Sequeda, J., et al, Knowledge Graphs as a Source of Trust for LLM-powered Systems, Web Semantics journal, 2025
- 미 국방부 DoD Responsible AI Strategy(2022) / Joint All-Domain Command and Control(JADC2)
- Anduril Industries, Anduril Industries(Official Website), 2025
- Anduril Industries, Lattice Overview(Developer Documentation), 2025
- Anduril Industries, Ghost(Hardware Product Page), 2025
- Anduril Industries, Anduril Unveils Fury Autonomous Air Vehicle for CCAs, 2024
- Anduril Industries, Anduril to Acquire Blue Force Technologies, 2023
- TED, The Future of Deterrence(Palmer Luckey), 2024
- Associated Press, Anduril plans 'Arsenal-1' manufacturing facility in Ohio, 2024
- Associated Press, Australia's Ghost Shark deal with Anduril(A$1.7bn) coverage, 2025
- Business Insider, Palantir and Anduril form a consortium to compete for defense contracts, 2024
- U.S. Department of Defense, Department of Defense Data Strategy, 2020
- Office of the Director of National Intelligence, Intelligence Community Directive 703, 2016
- U.S. Department of Defense, DoD Directive 5205.07(Special Access Program Policy), 2020
- Anduril Industries, Anduril and Palantir to Accelerate AI Capabilities for National Security, December 6, 2024